実務が必ずうまくいく

中学校 研究主任の仕事術 55の心得

北村 凌 [著]

明治図書

はじめに

「研究主任をお願いします」

校長先生からはじめてこう言われたとき,「自分には荷が重い」というのが正直な気持ちでした。

引き受けるしかないと思って引き受けましたが,「自分のことだけで精一杯なのに,学校全体の研究のことを考えることなんてできるのか?」「そもそも何をすればいいのかもわからないし,自信がない」など,次々にマイナスな感情が浮かんでくるような状態でした。

今,本書を手に取ってくださった方も,私と同じように「引き受けたけれどうまくやれるのか自信がない」「研究主任として何をどうしていいかわからない」と思っている方が多いのではないでしょうか。

その気持ち,わかります。

ですが,もし今の私が,研究主任を引き受けた当初の自分に声をかけられるなら,次の言葉を送ります。

「最初から研究主任らしい人はいないよ。研究主任をやることで研究主任らしくなっていくものだから大丈夫。研究主任だからこそ感じられる楽しさやうれしさもたくさんあるよ」

研究主任という役割をいただいてから,研究主任をしなければ気づけなかったこと,味わえなかっただろう充実感や達成感にたくさん出合ってきました。

もちろん,自分の思いが伝わらない無念さや,まわりの先生方とうまく協力できない悔しさも感じてきました。

しかし,それ以上に,「授業で生徒が…」とまわりの先生方から取組に対する生徒の反応を教えてもらったときのうれしさや,「授業に新しい工夫を

002

取り入れてみるわ」とまわりの先生方の授業に対する熱の高まりを感じた瞬間の喜びは，非常に大きなものでした。

　何より，その話をしてくださったときの先生方の表情がとても明るく，楽しそうであったことが強く印象に残っています。

　そのような経験から，自分が研究主任としてまわりの先生方に働きかけることで，「よい授業がしたい」「教師という仕事はいい仕事だ」と思ってもらえれば，それが生徒の幸せにつながるのではないか，そのことに気づいた今は研究主任がとてもやりがいのある仕事だと思うようになりました。

　以上のことを踏まえ，本書で伝えたいことは「研究主任の先生もまわりの先生も大切にした研究を進めていきましょう」ということです。

　そのために，まず第1章で，研究主任が大切にしたいマインドセットについてまとめました。具体的な行動や判断の根本にあるマインドセットを理解しておいていただいた方が，その後の内容を理解しやすくなると思ったからです。

　そして，第2章では，研究主任になったけれど何から始めたらよいかがわからない方のために，まずやるべきことをまとめました。

　第3章と第4章では，研究主任の一番の仕事である研究の進め方，研究授業や研究大会の行い方について，研究テーマを決めるところから研究授業や研究大会の終わりまでの仕事をまとめています。

　また，研究は特別なことばかりを考えがちですが，忘れてはならないこととして，第5章で日常的な取組についてもまとめました。

　本書が，研究主任をされる先生のモチベーションを高めること，「研究主任をやってよかった」と感じることの助けとなることを願っています。そして，研究主任の先生の働きかけが，まわりの先生方や生徒の笑顔につながれば，私にとってそれ以上の喜びはありません。

2025年2月

北村　凌

もくじ

はじめに　002

第1章
研究主任のマインドセット

01　理想を思い描く　008

02　コンセンサスを得る　010

03　決断と説明，両方を大切にする　012

04　必要な場合を見極めて，根回しをする　014

05　本人の意思は尊重しつつ，折衷案を探る　016

06　構えずに1対1で話せる場をつくる　018

07　管理職の先生方に味方になってもらう　020

08　順番と時期を見極めて，変えることを決める　022

09　勝負所かどうかを吟味する　024

10　「減らすこと」への意識をもつ　026

11　否定的な反応にフォーカスしない　028

12　普段の授業，関わりを大事にする　030

13　「だれが言うか」を考える　032

14　「教科が違う」の壁を壊す　034

15　研究授業という形にこだわり過ぎない　036

コラム　研究大会後に熱く語った思い　038

第2章
研究主任の仕事，まずはこれから

16　4つのポイントを押さえて，スムーズに年間計画を立てる　040

17　3つのポイントを押さえて，伝わりやすい話をする　042

18 3つのポイントを押さえて，見てもらえる文書をつくる 044

19 2つのポイントを押さえて，考えてもらえる会議にする 046

20 3つのポイントを押さえて，職員図書を有効活用する 048

21 複数年で教育計画を見直す 050

22 無理が生じない形で研究紀要を作成する 052

23 他校の研究大会に参加する 054

24 授業以外に関する研修会を企画する 056

コラム 初任者の言葉 058

第3章
研究の進め方

25 過去の研究を遡ることから，新しい研究の第一歩を踏み出す 060

26 サポート体制を考慮して研究部会を組織する 062

27 研究部会の目的と役割を明確化する 064

28 目の前の生徒の課題から研究テーマを検討する 066

29 研究テーマを具体的な行動レベルで示す 068

30 研究テーマに合った方法で成果を確認する 070

31 アンケートや報告に Google フォームを活用する 072

32 研究テーマを生徒にも周知する 074

33 研究内容や方法に選択肢をつくる 076

コラム 失敗があってこそ 078

第4章
研究授業，研究大会の行い方

34 前年度からの声かけで，授業者への立候補を後押しする 080

35 様々なアプローチで授業者をサポートする 082

36 授業者のニーズに合わせて，協力者会を組織する 084

37 協力者会の充実度を高める 086

38 無駄を排し，書く意味のある指導案のひな型をつくる 088

39 事前の働きかけで，指導助言を充実させる 090

40 「この人がいい」と感じる人を講師として招く 092

41 相手意識をもって講師への依頼を行う 094

42 授業者自身が，授業の見方を示しておくようにする 096

43 発言がたくさん出るように，司会が協議会をデザインする 098

44 協議会の司会や方法の策を練る 100

45 研究通信を出す目的とタイミングを押さえる 102

46 研究通信を無理なく出し続ける工夫をする 104

47 おもてなしの気持ちを環境整備や「お土産」で表す 106

48 終わった瞬間にしかできないことをやる 108

コラム 唯一手をつけなかったこと 110

第5章
日常的な取組の進め方

49 授業を見せ合い，ほめ合う文化をつくる 112

50 自分の授業を見に来てもらうためのお願いの仕方を工夫する 114

51 授業について話せる職員室にする 116

52 だれから巻き込むのか，作戦を練る 118

53 授業交流会を導入する 120

54 授業交流会の柔軟性を生かす 122

55 研究主任自身が熱意を見せる 124

コラム 授業を考える時間を生むために 126

第1章
研究主任のマインドセット

01 理想を思い描く

校長先生は理想の学校を思い描く。
学級担任は理想の学級を思い描く。
では，研究主任は何を思い描けばよいのだろう。

まずは理想ありき

　私は研究主任の仕事をひと言で表すならば，**「まわりの先生方が教師とい う仕事を楽しいと思えるようになるお手伝いをすること」**だと思います。
　「先生が主語なのか」と思う方もいるでしょう。しかし，生徒を蔑ろにしているわけではありません。先生が教師という仕事を楽しめている状態には生徒が幸せであることも含まれると考えているからです。先生への働きかけを通して生徒を幸せにする。これが研究主任の仕事だと思っています。
　そして，生徒の幸せに直結するものとして最も力を入れるべきことは授業であり，授業がうまくいけば生徒も先生も幸せだと考えています。だから，私は授業に関する研究，研修を大事にしたいと思っています。
　職員室で先生同士が授業の話をする回数が増える。先生方が前よりも授業について考えるようになってくれる。研究授業に手をあげてくれる先生が増える。これが私の思い描く職員集団の理想の姿です。
　ここまで私の考えを述べてきましたが，あくまでも私の考えであり，一例に過ぎません。考えの違いがあってよいと思います。しかし，理想を思い描くことは必要不可欠です。理想があってこそ，その実現に向けて何をするべきかが見えてくるからです。
　皆さんは研究主任として何を大事にしたいですか。先生方にどうなっても

らいたいですか。まずは，理想を思い描いてみてください。

理想を思い描くには

いきなり理想を思い描けと言われても難しいと思います。いくつか助けとなる方法を紹介します。

①今まで自分が出会ってきた研究主任の先生を思い出す。
②研究主任を経験されたことのある先生に聞く。
③先生方に，今までに出会った研究主任の先生はどうだったかを尋ねる。
④管理職の先生に，研究主任である自分に求めることは何かを尋ねる。
⑤研究主任について書いてある書籍を読む。

まずは様々なモデルを知ることが大事になります。自分の経験やまわりの先生方の経験から理想を考えてみるとよいでしょう。また，管理職の先生があなたを研究主任に指名したからには何かしらのねらいや思惑があるはずです。それを直接尋ねてみるのも１つの方法です。

この本を手に取ってくださっているということは，「研究主任を任されてどうしよう」という不安や「研究主任としてよい仕事をしたい」という熱意をすでにもっていらっしゃるに違いありません。**すでにその時点で理想を思い描くスタートを切っています。**

１年後の自分は，まわりの先生方がどうなっていればうれしいでしょうか。その実現のために本書が役に立てば私もうれしいです。

研究主任の仕事の目的は何だろう。
自分が研究主任をすることでまわりの先生方にどうなってもらいたいのか，理想の状態を思い描いてみよう。

02 コンセンサスを得る

研究主任になったから,いろんなことをやってみたい。
研究主任になったけれど,何をすればよいかわからない。
どちらの悩みもみんなでやっていくという意識がカギになる。

熱心であることの弊害

　私が今まで見てきた研究主任の中には,自分１人の力で取組を進めているように見える先生がいました。主任であることの責任感から「自分がやらなければならない」と一生懸命取り組んだのだろうと思います。様々な提案もしてくれましたが,あまりうまくいったとは思えませんでした。

　なぜでしょうか。**一番の原因は「自分１人の力で取組を進めているように見えていたこと」**であったと私は考えています。

　そのように見えていたことで,まわりの先生方は「あの人が考えてくれるだろう」と他人任せになってしまったのだと思います。中には,提案されたことに対しても他人事で「えっ,こんなことしないといけないの？」と否定的な態度を取る人さえいました。研究を自分事として捉えられなくなってしまっていたのでしょう。今思うと大変申し訳なかったですが,実際,私も自分事としては考えられなくなっていた１人でした。

　そうなると,さらに研究主任が自分で取り組むしかなくなります。一層自分の力ですべてをこなそうとし,かなり大変そうに見えました。このことから,必死にやるだけではうまくいかないこともあるのだと知りました。

　つまり,大事なことは,**どうやってまわりの先生方に当事者意識をもってもらうか,研究を自分事と思ってもらうか**ということです。

そのため，できる限りまわりの先生方の意見を取り入れることを心がけるべきです。「どんなことを研究テーマにしたらよいと思いますか」「研究テーマを…にしようと思っているのですが，どう思いますか」などとまわりの先生方に尋ねるのです。「〇〇先生にいただいた…という意見を参考に…」と言えば，〇〇先生は研究に当事者意識をもってくれるかもしれません。

　また，たとえ聞いた意見を取り入れられなかったとしても，先生方の意見を聞くことは重要です。**意見を聞きに行く姿勢を見せることで，まわりの先生方に「みんなで研究を進めようとしている」とアピールすることができる**からです。まわりの先生方に積極的に意見を求めましょう。

わからないときはまわりに手助けを求める

　経験年数が少ない状態だったり，授業に自信がない状態だったりしても，研究主任を命じられる場合はあると思います。「研究主任と言われても，何をすればよいのかわからない」と困る先生もいらっしゃるはずです。その場合も，大切なのはまわりの先生方にどうすればよいか積極的に聞くことです。

　何も聞かずに進めて問題が起きると「なぜ聞かなかったのか」と言われてしまうかもしれません。正直に「どうすればよいのかわからないので，力を貸してくれませんか」と聞けば，協力してくれる先生もいるでしょう。そのような先生が数人いらっしゃれば，全体の雰囲気も研究に協力的になります。

　研究主任になっても，1人で張り切り過ぎたり抱え込んだりするのは望ましくありません。「みんなで研究を進めていく」という意識をもち，その姿を見せることが重要です。**一人の百歩より，百人の一歩が大切**です。

主任は「すごい人」である必要はない。まわりと協力しよう。まわりの考えを聞いたり，自分の考えに意見をもらったり，頼ったりすることで，まわりの先生方にも当事者意識が芽生えてくる。

第1章　研究主任のマインドセット　011

03　決断と説明，両方を大切にする

> 自分だけががんばり過ぎず，まわりに意見を求めるべき。
> しかし，軸がブレてもいけない。
> 全体が同じ方向を向くために力を尽くそう。

理解するのと取り入れるのは別

　前項でまわりの先生方に研究に対する当事者意識をもってもらうためにも意見を求めることが大事であると述べました。

　しかし，気をつけなければならないことがあります。それは，聞いたからといって，その意見を取り入れなければならないかというと，そうではないということです。

　なぜなら，先生方はそれぞれの考えに基づいて意見をおっしゃっているからです。そのため，様々な意見を全部取り入れようとすると，どんなことを大事にしたいのか，何を目指したいのかがあやふやになってしまいます。

　まわりの先生方に意見を聞くのは，あくまでもまわりの先生方がどう考えているかを理解し，把握することが目的です。また，まわりの先生方の意見を聞いて新たな考えを知ったり，考えを広げたりすることが目的です。

　それぞれの先生方がもっている考えや意見を踏まえ，生徒の実態や学校として目指していきたい姿，自分の思いという軸をもって決断するのは研究主任の仕事です。

　いろいろな考えをもつ先生方がいらっしゃるからこそ，全体が同じ方向を向くための方針や，理想の達成のためにどのような意見を参考にしたり取り入れたりするかを，主任が軸をもって決めることが重要なのです。

理由の説明が重要

　決めることが主任の仕事であると述べてきました。ここで忘れてはいけないのが，**全体に決定事項を伝える際に「どうやって決めたのか」の理由を説明すること**です。

　例えば「今回は○○という観点が重要だと考えたので，…をするということに決まりました」「A案とB案で迷ったのですが，生徒の…という実態を考え，今回はA案にすることにしました」のような説明です。

　このような説明が大事である理由は2つあります。

　1つ目は，**決定の理由に納得してもらえてこそ，様々な考えや意見をもつ先生方が1つの方向を向くことができるから**です。「そういうことならば…」と思ってもらえるような説明が必要です。

　2つ目は，**考えや意見を聞いたにもかかわらず，それが取り入れられなかった場合に説明がなければ，「話をしたのに無駄だったのか」と思われてしまうから**です。そうなれば，次から話をしてくれなくなるでしょう。

　2つ目の理由についてもっと言うならば，全体で理由を説明するだけでなく，話を聞かせてもらった先生と個別に話をする機会をつくり，話を聞かせてもらったことへの感謝と今回の決定に至った理由を詳しく説明するくらいがよいと思います。そこで納得してもらえれば，主任として懸命に考えたことも伝わり，今後も協力してくれるはずです。

　先生方は仲間であり，協力者であり，助言者でもあります。丁寧な関わりで良好な関係を保ちたいものです。

先生方に考えや意見を聞いても，それを取り入れるか否かは自分次第。決断こそが主任の仕事である。ただし，決定理由を先生方に説明することは必須。

第1章　研究主任のマインドセット　013

04 必要な場合を見極めて，根回しをする

> すべてが思い通りにいくことなんてない。
> うまくいきそうにないときにどう動くか。
> 行き当たりばったりにせず，根回しをしておこう。

うまくいきそうにないと思う場合は…

　何かやりたいことがあった場合に「こんなことをやりたいと思っています。だれか一緒にやってくれる人はいませんか」と聞き，「いいですね。私もやります」と答えてくれる人がいればうれしいものです。しかし，そのようにうまく進む場合はほとんどありません。

　研究授業の授業者を募る場合を例として考えてみましょう（研究授業の授業者の決め方は様々あります。全体で聞かない場合も多いと思いますが，わかりやすいと思うので例として取り上げています）。

　いきなり全体の場で「研究授業をやりたい先生はいらっしゃいますか」と聞き，「私がやります」と手をあげてくれる先生はいるでしょうか。

　「きっと○○先生がやりたいと言ってくれるだろう」という予測ができているならば，いきなり全体で聞いても問題ないと思いますが，このような予測が立たない場合，いきなり全体で聞くことは危険です。だれも手があがらなかった場合，研究に対してマイナスな雰囲気が漂ってしまうからです。

　そうならないためにも，根回しが大事になってきます。全体の場で聞く前に授業者を引き受けてほしい人や授業者を引き受けてもよいと思っていそうな人に「今度，研究授業の授業者を募るんだけど…」と話をしておくのです。そのような人の目星がつかない場合，**「研究授業をやりたいと思っていそう**

な人はいない？」とまわりの先生に聞いてみるのも1つの方法です。
　やりたいと思っていそうな先生に見当がついている場合は，根回しの必要はありません。あくまでも全体の場で物事がうまく進まず，嫌な雰囲気になることを避けるため，必要であると思う場合には根回しをしておきましょう。

全体の場で話す前に

　もう1つ，研究に対してマイナスな雰囲気が漂うパターンとして，全体に提案した際に否定的な意見が出される場合があります。建設的な意見であればよいですが，「やりたくない」「なんでそんなことしないといけないのか」のように，全体のモチベーションを落とすような意見を出されると困ります。
　それを防ぐためには，次の2つの方法があります。

> ①前もって否定的な意見を出しそうな先生と話をしておく。
> ②前もって前向きな意見を言ってくれそうな先生に話をしておく。

　否定的な意見を出す先生にも言い分があります。それを全体の場で出されると困りますが，蔑ろにはできません。だからこそ，先に話をしておき，互いに譲れるところは譲るなど，提案を理解しておいてもらうとよいでしょう。
　全体を前向きな雰囲気にもっていくため，提案に対して早めに前向きな意見を言ってもらえるようにお願いしておくのも1つの方法です。ただし，**これをやり過ぎると自分の進めたいようにコントロールしていると思われてしまうので，使い過ぎ注意**です。

まずは，提案や決定にどういう反応があるかを予測しよう。研究に対する士気を下げないため，必要であれば根回しを。ただし，やり過ぎには注意。

第1章　研究主任のマインドセット　015

05 本人の意思は尊重しつつ，折衷案を探る

研究授業等を嫌々引き受けてもらってもよいものにはならない。
しかし，引き受けてもらえなければ自分も困る。
「引き受ける」と「引き受けない」の間には何があるのだろう。

押しつけないけれど確認は取る

　私は初任のときに研究授業をしました。それは校長先生から「初任のころに研究授業をやっておいた方がいい」と言われたからです。そのときはまわりの先生方の中にも「研究授業は初任がやるものだ」というような雰囲気があり，そんなものかと思って引き受けました。

　私は「研究授業はやれるならやった方がいい」という考えをもっているので，特に嫌に思うこともありませんでしたが，「初任がやるものだ」という形で研究授業を押しつけられた先生方の中には，研究授業が嫌な記憶として残っている方もいらっしゃると思います。

　「初任はやっておいた方がいい」「今回は〇〇科の順番だから」のように本人の意思に関係なく与えられた仕事，立場のある人から無理に押しつけられた仕事には，なかなか積極的に取り組めるものではありません。ですから，何かを引き受けてもらう場合には，**本人の意思を尊重すること，断れる余地を残しておくことが大切**です。

　「それではこちらから声をかけられない」と思われるかもしれませんが，そうではありません。私も研究主任として研究授業の授業者を決める際に，初任の先生にも声をかけました。ただし，「やれ」という命令でも「やってほしい」というお願いでもなく，**「やってみる気はある？」**という確認です。

もしかしたら初任の先生が「やってみたいけど，やりたいと言ってもいいものなのか」と悩んでいるかもしれないからです。そして，私個人の考えとして，研究授業を経験することには大きな意義があると思っているからです。意思を確認したり，自分の考えや思いを伝えたりすることは大切です。ただし，強制はしないということです。

「引き受ける」と「引き受けない」の間

　研究主任である私をサポートしてくれる立場の研究副主任を決める際，ぜひともお願いしたいと考えている先生に断られたということが実際にありました。それはそれで受け入れるしかありません。

　しかし，引き受けてもらいたいと思った理由を伝え，反対に引き受けてもらえない理由を聞く中で，「副主任にはなれないけれど，その仕事の一部である研修の企画や運営を引き受けることはできる」というお互いが納得できる落としどころを見つけることができました。

　すると，「その役割を引き受けてくれる人がいるなら，自分が副主任をやってもいい」という人が別に現れ，研究副主任を2人配置するという形を取ることになりました。

　「引き受ける」「引き受けない」の2択ではなく，**「こういう条件ならどうか」「ここさえ何とかなればという部分はあるか」**というように，折衷案を探すと別の方法が見つかる場合もあります。意思を丁寧に確認することで，AでもBでもない，みんなが納得できるCの道を見つけ出しましょう。

役割を引き受けてもらう場合に強制は禁物。条件や考え方を変えれば，別の方法が見つかることもある。お願いする側も引き受ける側も納得できる方法を考えよう。

第1章　研究主任のマインドセット　017

06 構えずに１対１で話せる場をつくる

「話したい」という思いをもっている先生は多い。
けれど，話せていないのが現状ではないだろうか。
話せる場があると，きっとたくさん話してくれる。

話しやすい場があることが大事

「現職教育からの提案内容について教科会で話し合ってください」
「提案された指導案の形について学年で意見を集約してください」
　現職教育からの提案についてグループで話し合いをしてもらう機会があると思います。それぞれの思いを共有したり，違う考えを出したりするために必要なことではあります。

　しかし，集団の中で発言するときは，だれもが思っていることを率直に伝えられるわけではありません。立場や関係性にどうしても影響されてしまうことがあります。

　若手には若手の立場，ベテランにはベテランの立場があり，意見が言いにくくなる場合があります。発言力のある人がぐいぐい引っ張っていってしまうような場合には，それ以外の人があまり発言できないこともあります。違う意見や考えに気をつかってしまい，自分の意見や考えを言えなかった，ということもあるでしょう。

　つまり，**各グループから出された意見は，必ずしも参加者全員の思いや考えを集約したものではない**と思っておくべきです。

　そこで大切にしたいのが，１対１で話す場を確保することです。改まった場は必要ありません。「今は時間がありそうだな」と感じたときに「この前

話し合ってもらったことなんですけど…」と話を振ってみると，案外話をしてくださる先生は多いです。1対1で他の先生に気をつかう必要がないので話しやすいのでしょう。

　いろいろ考えてくださっている先生，思いをもっておられる先生はたくさんいるものです。しかし，話す場がなければその思いや考えはなかったものになってしまいます。だから，1対1で話す場をつくることが大切なのです。

実は一番話したいのは…

　話したい思いを抱えているけれど，それを話す場がない。このことが最も当てはまるのは，管理職の先生です。

　多忙な業務，職員との距離感から，職員と話す機会がないと思われている管理職の先生方も多いのではないでしょうか。

　また，教科会や学年会にも所属しないため，先生方がどう思っているのかを聞く場面も少ないのです。

　職員全員を前にして話すことは多いけれど，**1対1でコミュニケーションを取る機会が最も少ないのが，実は管理職の先生方**なのです。だから，私は校長室によく伺います。時間が空いたときには教頭先生とも話します。

　管理職の先生方と話をするのは，意見や考えを伺うためだけではありません。自分の意見や考え，思いを聞いてもらうためでもあります。管理職の先生方と研究主任が互いの思いや考えを理解し合っておくことが重要です。管理職の先生方と話す機会も積極的に取りましょう。

思いや考えは，伝えなければなかったことになってしまう。まわりの先生方は，話したいことを話せる場があると感じているか。1対1の話がしやすい環境をつくることで思いや考えを聞き出そう。

第1章　研究主任のマインドセット　019

07 管理職の先生方に味方になってもらう

研修会の講師はだれを呼べばよいのだろう。
○○先生と連絡を取りたいけれど面識がない。
そんなときに頼るべきは管理職の先生方。

管理職の先生方の人脈は１つの武器

　勤務校では，研究授業を行う際に，協力者会というものが行われます。これは，他の学校の先生方や指導主事の先生方にも集まってもらい，教材研究をしたり指導法を吟味したりすることに協力してもらうというものです。研究授業までに数回集まることがあります。

　自分の専門教科であれば自分で協力者を見つけることができるかもしれません。しかし他教科となると，知っている先生も少なく，協力者を探すのに苦労します。

　もちろん，同僚の先生方にも聞きますが，それでも知っている先生には限界があります。また「あの先生に協力してもらいたいけれど，面識があるわけではないから連絡できない」ということも多々あります。

　そんなとき頼りになるのが，管理職の先生方です。管理職の先生方は人脈が広い場合が多いです。特に，教育委員会などを経験された管理職の先生は熱心に活動している先生方のことをよくご存じです。

　そして，管理職の先生方なら，**面識がない場合であっても，相手校の管理職に連絡を取って，協力者になってもらえるかどうかを聞いてもらうことができます。**

　また，研修会や講演会の講師をしてくださる先生を探すときにも，管理職

の先生方の人脈に頼ったり，教育委員会に問い合わせしてもらったりすることで助けてもらえることは多いです。

共有しているからこそ

　研究主任をしていて一番難しいことは，仲間をつくることだと感じています。自分の思いを理解してもらえない辛さや研究に前向きではない雰囲気に打ちのめされそうになることがあります。

　自分から思いを発信し，まわりの先生方に理解してもらおうとしますが，反応が返ってこなかったり，反応が乏しかったりすると，しんどいと思うこともあります。

　以前，校長先生が研究主任の仕事の大変さや研究に取り組む姿勢について先生方の前で語ってくれたことがありました。普段から校長先生と研究の方向性について共有していたからこそ話してくれたのだと思います。

　自分以外のだれかが自分の思いを語ってくれるのは，とても心強いことです。特に，自分では言いにくいことを言ってくれる人がいると，とても助けられます。

　また，校長先生だからこそ，全体の場で先生方に対して語ってもらえたのだと思います。同僚の先生では，いくら応援する気持ちがあったとしても，全体の場で発言することはなかなかできるものではありません。

　管理職の先生だからこそやってもらえることはたくさんあります。管理職の先生方に味方になってもらえるようにしたいものです。

外部との連絡や交渉，全体への語り。管理職の先生方にしかやってもらえないことがたくさんある。管理職の先生方に味方になってもらえるように心がけよう。

第1章　研究主任のマインドセット　021

08 順番と時期を見極めて，変えることを決める

- 変えたいことがたくさんある。
- 小さな変更と大きな変更，どちらから行うべきか。
- 変える順番と時期が大事になる。

何から変えるか

　これから自分が研究主任になるということは，それまで研究主任をされていた先生が存在するということです。その先生にはその先生なりの考え方があって，研究主任の仕事をされていたはずです。

　当然，自分とは考え方の異なる部分が存在します。取り組みたいことや力を入れたい部分が異なり，変えたいと思うところがあってもおかしくありません。

　とはいえ，変えるところが多過ぎると，まわりの先生方も戸惑います。一気に変え過ぎると，反感を買う可能性があります。

　では，どんなことを優先して変えていくとよいのでしょうか。

　私が研究主任になって一番に変えたことは，**研究体制**です。それまでは，全員が共通して総合的な学習の時間を研究することになっていたのですが，研究する教科を自分で選べるようにしました。

　「総合の研究をします」とあらかじめ決められているよりも，自分で教科を選択できる方が意欲が出ると考えたからです。普段の授業に直結する研究にするためにも，自分の専門の教科で研究してもらいたいと考えていたことも理由の1つです。

　ただし，この変更には，私が義務教育学校所属であることが強く影響して

います。中学校であれば，そもそも研究する教科はそれぞれの教科の学校が多いのではないでしょうか。つまりここでは，研究教科を選べるようにすることが大事だと言いたいわけではありません。**自分にとって根本となる重要なことから優先して変えていきましょう**」ということです。

年度はじめは変化があって当たり前の時期なので，新しいことや変更も受け入れてもらいやすいです。

また，研究体制や研究テーマなど，研究全体につながる重要なことを年度はじめに変更しておくことで，その後「研究体制を変えたことによって○○についても…」のように，大きな変更に関連させた追加の変更が行いやすくなります。

だから，重要で大きな変更こそ，早い段階で行うべきです。

前任の研究主任がまだ職場にいる場合

前任の研究主任の先生がまだ職場にいる場合，「ここを変えていきたいけれど，変えていいのかな…」と気をつかってしまう気持ちはよくわかります。

基本的には新しい研究主任の考えで変えていってよいと思いますが，「もうちょっとこうしたかったなと思うところはなかったですか」「迷っていたことはないですか」と前任の研究主任の先生に聞いてみるとよいと思います。自分と同じようなところで悩んでいたことがわかるかもしれません。

または，ストレートに「なぜ○○にしていたのですか」と理由を聞き，「自分はこうしようと思うのですが，どう思いますか」と聞くのも1つの手でしょう。

何から変えてもいいわけではない。たくさん変えていいわけでもない。何が重要か，まず何を変えればその後の変更がスムーズかを考えよう。優先順位が大切。

第1章　研究主任のマインドセット　023

09 勝負所かどうかを吟味する

やった方がいいことはたくさんある。
「ここまでやりたい」と思うこともある。
でも，今すべてやろうとするのは現実的ではない。

研究大会と授業交流会

　前項で「いきなりたくさんのことを変えてはいけない。変える順番と時期が大切だ」と述べました。
　私が研究主任になってから行った大きな変更として，研究大会の開催と授業交流会の導入があります。
　研究大会は，土曜日に授業公開と3学級の研究授業を行うというものです。他の学校にも案内を配って参加者を募り，授業を見に来ていただいて意見をもらっています。
　授業交流会は，学期のある1週間の間に数人の先生に普段の授業を公開してもらい，同じ教科会に所属する先生を中心に参観し，放課後に簡単な協議会を行うという取組です。
　研究主任になった1年目に両方導入したわけではありません。どちらかは研究主任になった1年目，もう1つは2年目に導入しました。
　先生方であれば，どちらを先に導入するでしょうか。
　私は先に研究大会を導入しました。これは学校の状況も関わってきますが，研究テーマを決め直したこともあり，全員で一丸となって研究に取り組む時間をもつためにも研究大会がふさわしいと考えたことが大きな理由です。
　どちらが正解というものではないので，もちろん授業交流会から先に導入

するということも十分考えられます。「もっと互いの授業から学ぶ雰囲気をつくりたい」「先生方の交流を増やしたい」といった理由を重視する場合は，授業交流会を先に導入すべきでしょう。

　何を優先するかを考えていれば，どちらを先に導入しても構いません。しかし，これらを同じ年度に導入するというのはかなり大変です。まわりの先生方にもかなりの負担がかかります。

　やりたいと思うことがあっても，場合によっては「やらない」「来年度に回す」という選択も時には重要になってきます。

公開授業の指導案は簡単な形で

　先述の研究大会では，ほとんどの先生に授業を公開してもらいました。その際に１つ悩んだことがありました。それは，指導案をどうするかです。

　他の学校から先生方が参観に来てくださる場ですから，指導案は示せた方がよいと考えました。問題はどのような形にするのかです。

　略案程度の指導案を書いてもらうか，もっと簡潔なものにするのかを迷いました。

　理想としては，授業者全員に略案程度の指導案を書いてほしいとは思いましたが，研究大会を開催して授業を公開してもらうだけで十分な一歩を踏み出しており，今はこれ以上のことを求めるべきではないと考え，かなり簡略化した指導案の形を取ることにしました。

　研究主任としてやりたいことと，まわりの先生方に気持ちよく研究に取り組でもらえることのバランスをうまく取りましょう。

自分が本当に大切にしたいことは多少無理しても押し通すとよい。しかし，「今でなくても」と思える部分や譲れるところは引くのも大事。それがこだわる必要のあることかどうかを吟味しよう。

10 「減らすこと」への意識をもつ

学校では次々に新しい取組が増え、やり方も変わる。
変化に苦しさを感じている私たち。
しかし、私たち自身も同じことをしようとしていないだろうか。

増やすからには…

　教員の多忙化が取り上げられることが多くなってきました。教員が多忙であることの原因は様々ですが、その1つとして「業務が増えることはあっても、減ることはあまりない」ということがあると思っています。

　社会の変化に伴って新たに教えることができたり、ケアしなければいけない部分が増えたり、取り組まなければならないことが増えている一方、これまでやってきたことが減ることは少ないのではないでしょうか。

　このような状況を考えるに、研究主任も新たに取組を始めるからには何かを減らす意識をもつ必要があります。

　これまでに述べてきたように、勤務校では研究大会の開催や授業交流会の導入を行ってきました。

　その一方で、減らすことにも取り組んできました。

　例えば、研究授業の回数を減らしました。私が研究主任になる前年度は、年間5回の機会に全員を振り分け、全員が1年間に一度研究授業を行っていました。

　全員が授業を見てもらい、協議会で意見をもらえるという点ではよかったのですが、やはり時期によってはしんどさがありました。

　年間5回に分けて研究授業を行うことによって、毎回放課後の時間が協議

会で使われてしまうことに加え、研究授業前にだれがどこを参観するか、司会はだれがするのかなどの小さな打ち合わせ、指導案の集約や印刷など、細々した仕事に時間を取られてしまっていました。

「でも、研究大会で全員に公開授業をしてもらっているし、授業交流会もやっているではないか」と思われるかもしれません。しかし、研究大会の授業公開は先述のように指導案をかなり簡略化しました。また、授業交流会の協議会の時間も短く、参加は自分の判断です。

また、このことに関連して、年間の現職教育に関する会議や打ち合わせの数をかなり削減しました。

増やすばかりではパンクしてしまいます。減らせるところは減らす意識を大切にしましょう。

多忙感の軽減も効果あり

先にも述べた通り、研究大会で行う研究授業のために、協力者会というものを行っています。この会によって先生方を拘束する時間が発生してしまいますが、協力者と相談することによって授業者が1人で悩む時間を減らすことができます。協力者会の時間を取ることで、当事者の負担は減らすことができるのです。

このように、**時間を取ってでもだれかの多忙感を軽減することができるのであれば、その時間は確保するべき**です。

先生方の負担感が軽減されるかどうかという視点も大切にしましょう。

増えてばかりにならないよう、減らせるところは減らしたい。ただし、何でもかんでも減らしてかえって負担が増えてはいけない。先生方の負担感が軽減されるかどうかを考えよう。

第1章　研究主任のマインドセット　027

11 否定的な反応にフォーカスしない

CHECK!
研究に否定的な姿勢を見たり何かをお願いして断られたりするとムカッとしたり落ち込んだりするかもしれない。
そんなときに必要なマインドセットとは。

例えば，こんな場面で…

「では，今説明させてもらったことを踏まえて，この後各教科研究部会に分かれて今後の方向を話し合ってください。よろしくお願いします」
　私が全体にアナウンスし，全体が動き始めたとき，次の言葉が聞こえてきました。
「で，今日って何を話すんだったっけ？」
「聞いてくれていなかったのか…」と，私は落ち込みます。
　また，別の場面。
「では，以前配付した通信を見てください」
「それ失くしたんやけど」
「今後に向けた内容を書いているのに，失くすってどういうことや…」と私は心の中で怒ります。
　研究主任として全体に関わらせてもらっていると，先生方の言葉や姿勢に落ち込んだり，ムカッとしたりすることがあります。
　しかし，上記の場面を改めて振り返ってみると，「きちんと取り組むために今日は何を話すべきなのかを再確認する意味での発言だったかもしれない」「失くしても黙ってやり過ごさないということは，きちんと取り組もうという意思があるのかもしれない」と考えることもできます。

また，自分の伝え方が悪かった可能性もあります。「配付した通信が今後も必要である」とはっきりと伝えておけば，失くされることもなかったかもしれません（そうでなくても保管しておいてほしい気持ちはありますが…）。
　つまり，**落ち込んだりムカッとしたりするようなことがあっても，「前向きな姿勢の表れかもしれない」「自分にできることがもっとあったかもしれない」**とポジティブに考えていくことが大切です。
　少しでもよいところを見つけようとしたり，次はどうしようかと考えたりした方が絶対に楽しいです。

「断られるのが普通」くらいに思っておく

　研究に対して前向きになれなかったり，否定的な言葉や姿勢が出てしまったりする理由はたくさんあります。
　学校の業務が忙しいという理由だけでなく，家庭の事情や経験年数なども絡んできます。
　生徒指導対応などが重なれば，研究に目を向けるどころではないと思う方もいるでしょう。
　研究主任として自分が進めている研究に対して否定的な言葉や姿勢が見えるとモヤモヤすると思います。しかし，それぞれの先生にそれぞれの事情があります。
　だから，何かをやってほしいとお願いして断られたとしても，それは「研究が嫌だから」が理由であるとは限りません。**それで落ち込む必要はなく，「断られることがあって普通」**くらいに思っておくとよいでしょう。

研究に前向きになれないのは，「研究に前向きではないから」とは限らない。先生方それぞれに事情がある。その状況の中で，自分に何ができるかを考えていこう。

12 普段の授業，関わりを大事にする

「すばらしい研究授業だったなぁ」
それはよいことに違いないけれど，それだけでは意味が薄い。
特別ではない普段の授業がもっと大切にされるべき。

普段が変わってこそ

　学校の研究と聞くと，真っ先に思い浮かぶのは研究授業ではないでしょうか。だれがどんな研究授業を行うのかに目が行ってしまう気持ちは私にもよくわかります。

　しかし，打ち上げ花火のような研究では意味がありません。学校の研究の目的は「生徒の力を伸ばすこと」です。**研究授業だけ一生懸命取り組んでも，普段の授業が変わらなければ，目的は果たせません。**

　私は勤務校の先生方に次のような話をしました。

> 　研究授業をしていただく先生は，今年度も3名です。研究授業をしてくださる先生にはご苦労をおかけします。ただし，大切なのは研究授業だけではありません。研究授業までの取組や研究授業から得た学びを普段の授業に生かしていくことです。研究授業を「研究のための研究」にしないためにも，生徒の力を伸ばしていくためにも，どうか普段の授業を大切にする意識をもってほしいと思っています。

　このような話をすると，普段の授業に新しい工夫を取り入れてくださる先生も出てきます。

下の写真のような掲示物をつくってくださった先生がいたので，研究通信に載せて全職員に共有しました。

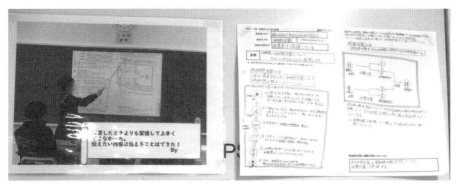

　研究授業や研究大会といった特別なことばかりに目を向けるのではなく，普段の授業を大切にする意識を発信していきましょう。

普段があってこそ

　普段が大切なのは研究だけではありません。ここまで述べてきたように，何かをお願いして引き受けてもらうこと，意見をもらうことも普段の関わりによって信頼関係を得ているからこそ成り立つものです。

　自分が手伝ってほしいときや協力してほしいときだけいい顔をしても，うまくいきません。

　コミュニケーションを取って良好な関係を築くこと，他の先生の仕事にも協力することなど，普段からの関わりを大切にしましょう。

心得⑫

非日常の質は膨大な日常の質によって決まる。普段の授業，普段の関わりを大事にしなければ，成果は得られない。もっと普段の質に目を向けよう。

第1章　研究主任のマインドセット　031

13 「だれが言うか」を考える

- 自分で言った方がよいこともある。
- だれかに言ってもらった方がよいこともある。
- だれが言うかで，言葉がどう届くかは変わる。

「だれ」によって言葉の届き方は変わる

　「何を言うかよりだれが言うか」という言葉があります。皆さんも一度は聞いたことがあるのではないでしょうか。

　話す内容も大事であることは間違いないですが，だれが言うかによって伝わり方が変わるというのはよくあることです。

　例えば，普段あまり関わりのない研究主任から突然「研究授業やってみない？」と声をかけられるよりも，普段からお世話になっている同じ学年の先輩教師に声をかけてもらった方が，「やってみようかな」と思うかもしれません。

　例えば，授業を公開してくださる先生がいたとして，当日の朝，研究主任が「今日は○○先生が公開授業をされます。都合のつく先生は参観をお願いします」と伝えるのと，授業者本人が「今日は○時間目に授業を公開します。都合のつく先生は見に来てください」と言うのとでは，印象が変わるでしょう。

　例えば，「研究をがんばりましょう」と研究主任が言うよりも，他の先生が「一緒にがんばりましょう」と訴えかけてくれた方が，全体に勢いが出る場合もあります。

　普段の関わりの多さ，立場や年齢，当事者かどうかなど，**様々な視点から**

「だれが言うか」を考えることは，言葉がどう届くかという点で非常に重要なことだと思います。

　私は研究授業や公開授業に関して研究通信を書くときは，右の写真のように，授業者本人の言葉を載せるようにしています。私の言葉よりも読み手に対する説得力が高まると思っています。

なるほど！って聞きながらも自分の思いも伝えられる，お互いの思いを大事にできる授業を目指して，私も子どもたちの思いをキャッチできるように頑張ります。
たくさん教えてください。たくさん応援してください。
よろしくお願いします！

だれから言うとしても通すべき筋がある

　勤務校の先生が，「研究授業に向けて，別の学校の先生の授業を観てみたい」と言ったことがありました。その別の学校の先生が，私が知っている方だったので，私から連絡した方がスムーズだと思い，私からご本人に連絡を取って許可を得ました。

　この場面で忘れてはならないのは，通すべき筋があるということです。事前に校長先生には「私から先にご本人に連絡を入れてもよいですか」と確認を取っておきました。この事前確認がないと，「勝手に依頼しては困る」と言われてしまう可能性もあります。

　また，最後には必ず校長先生から相手の学校の校長先生に連絡を取ってもらう必要があります。**通すべき筋は通さなければなりません。**

だれが言うと最も伝わるだろう。
だれが言うべきことなんだろう。
より伝わる言葉の届け方を考えよう。

14 「教科が違う」の壁を壊す

「私は国語は専門外なのでちょっと…」
協議会でこんな言葉が出ることがある。
中学校に根強く残っている「教科が違う」という壁は壊すべき。

教え方は共通の土俵

　以前，校内の公開授業で英語科の授業を参観しました。その後の協議会で英語科の先生から「音読のバリエーションが少ないから，子どもたちも飽きてきているように思う」と音読に関する悩みが出されました。

　私は国語科の教員で，よく音読をさせていたため，知っているいくつかの音読の方法を伝えることができました。

　これは英語科と国語科に「音読」という共通の活動があったからできた話ですが，他にも教科を超えて協議できることはたくさんあります。

　例えば，「グループでの話し合いのさせ方」「机間巡視の際の生徒への関わり方」「生徒の発言の全体への返し方」「導入での工夫」などです。これらの指導方法や指導技術に関することは，教科の隔たりなく全職員で協議することができるはずです。

　それでも「教科の特性はある」と言われるかもしれません。確かに，グループでの話し合いのさせ方にも，国語科と数学科では多少の違いがあるでしょう。

　しかし，そのような違いの中にも学びがあります。**むしろ，そのような違いから新たな発見があり，自分の授業が広がっていくきっかけになります。**実際，先に紹介した英語科の授業の協議会で私は英語科ではよく行われてい

るけれど国語科ではあまりやっていなかった音読の方法を知りました。
「人物像の読み取り方」「論理の展開の仕方」など，教科の学習内容のことを言われると，その教科の先生しか太刀打ちできないかもしれません。しかし，学校で行う研究は教科研究ではありません。学校の研究とは，目の前の生徒たちにどうすればよりわかってもらえるか，どうすれば力がつくかを一緒に考えることだと思います。
「教科が違うから」という言葉を封印し，教科が違っても学び合う気持ちを大切にしていきましょう。

テーマが大事

とはいえ，みんなで考えていくためには，テーマが大事です。大きく分けると次の2つのパターンが考えられます。

①理想の生徒の姿をテーマに取り上げる（迫り方は各教科で工夫する）。
②指導方法や教師の関わり方をテーマに取り上げる。

①であれば「全員が積極的に自分の意見を発表できる」「互いの発言を聴いて学び合う学習集団」など，②であれば「UDの視点を取り入れた授業の工夫」「生徒の発言をつなげる教師の関わり方」などが例としてあげられます。
②の場合，「話し合い活動を通して」のように指導方法を具体的に限定してしまうと，その方法を用いることが目的化してしまうので注意が必要です。

教科が違っても，全員が授業の専門家であることに違いない。
他教科の授業，他教科の先生から学ぶ意識をもとう。
職員全員で共通のものさしをもっていれば協議はできるのだから。

15 研究授業という形に
こだわり過ぎない

「研究授業をやらなくてはいけない」
そう思っている時点で，手段が目的になってしまっている。
現場に合った形が最もよい研究の形であると考えよう。

研究授業ではなくてもよい2つの理由

私は研究授業が絶対に必要であるとは思ってはいません。
理由は次の2つです。

①やりたい人がいないのに無理に行っても生徒のためにならない。
②研究授業という形ではなくても授業研究はできる。

研究授業は手段であって，目的ではありません。
研究授業を行うことを目的にしてしまい，授業者が嫌々取り組む研究授業では，授業者が苦しむだけでなく，その授業を受ける生徒のためにもなりません。授業者が出ないのであれば，研究授業を行わないという判断もあってよいと思っています。

研究授業をやりたいと思わない（思えない）理由によっては，研究授業の形を変えるということも効果的です。

指導案を簡略化したり，授業について相談できる時間を確保したり，授業者の負担を軽減するために変えられる部分は変えていくとよいでしょう。

さらに柔軟に考えれば，研究授業という形を取らずに授業について考えるということもできます。

例えば、**学期に一度，授業交流週間を設定するという方法**です。1週間の間にすべての先生が1時間はだれかの授業を参観に行くのです。指導案も協議会も設定せず，あくまでも普段の授業を見合う時間です。ただ見るだけにならないように，参観の視点だけ共有することも考えられます。

　このような形であれば，研究授業でなくても授業について考える時間を取ることができるでしょう。

　校内研究はあくまでもその学校独自の研究です。それぞれの学校の実情に合わせて研究の形を変えていくのがよいと思います。

それでも研究授業を行う理由

　ここまで研究授業である必要はない理由を述べてきましたが，勤務校では研究授業を行っています。その理由は，研究授業が授業者，参観者双方の力量形成に大きな力をもつと考えているからです。

　普段から一生懸命授業を考えている先生であっても，研究授業になるといつも以上に力を入れて構想を練ることになると思います。**「特別な場」によって受ける影響は必ずあるもの**です。

　確かに研究授業は大変です。日常の業務でさえ忙しいのに，研究授業の内容を考え，指導案も書くのはかなり骨の折れることです。しかし，この苦労は必要な苦労だと思っています。

　また，参観者にとっても，授業を見ることはもちろん，他の先生方がどのような視点で授業を観ているのか，どのような意見をもつのかを知ることは大きな学びになるでしょう。

研究の形は様々あっていい。生徒や教員の実情に合わせた研究の形を考えよう。それが生徒や職員の「やりたい」「やってよかった」につながっていく。

コラム

研究大会後に熱く語った思い

　はじめての研究大会が終わり，職員での打ち合わせのときのこと。

　管理職の先生に「研究主任からひと言どうぞ」と振られ，次のように話をしました。

　「研究授業をしてくださった先生方，本当にありがとうございました。そして，研究大会までの準備，研究大会当日の運営にご協力してくださった先生方ありがとうございました。おかげさまで無事1日を終えることができました。

　今回の研究大会を開催できたことは，この学校にとって大きな一歩だと思っています。今回をきっかけに，来年もその次の年も研究大会が続いていきます。10年，20年と続いていく可能性がある研究大会の第1回を開催したのがここにいる私たちです。

　この研究大会が続いていくことで，私たちは『研究大会の第1回に自分が関わった』と誇りをもつことができると思います。これからこの研究大会がどう続いていくかによって，この第1回の価値もまた変わっていきます。

　今日の反省を生かし，来年さらによい研究大会を開催したいと思っています。これからも引き続き，ご協力をよろしくお願いします。

　改めて，本日までありがとうございました」

　打ち合わせが終わった後，何人かの先生に「熱い言葉だったね」と言われました。全員ではありませんが，何人かの先生には自分の思いが伝わったのだとうれしくなりました。人に訴えかけるとき，理屈だけではなく，感情も強い影響をもつことを改めて感じました。

　熱い思いを素直に語りましょう，共感してくれる仲間は必ずいます！

第2章
研究主任の仕事，まずはこれから

16 4つのポイントを押さえて、スムーズに年間計画を立てる

「どうにかなる」では運任せ。
計画があってこそ，物事がうまくいく可能性は高まる。
どんな計画を立てるのか，その計画も必要。

まずは計画ありき

やはり何事においても大切にしたいのは計画です。

年間計画を立てるのは研究主任の大切な仕事の1つです。年間計画で考えるべきことは次の4点です。

①何を　　②どれくらい
③いつ　　④だれが

まず，決めるべきは「何を」するかでしょう。研究授業を行うのか，授業交流週間を取り入れるのかなど，何をするかを決めましょう。

次に，「どれくらい」するかです。研究授業を年間で何回行うのか，一度に何人行うのか，「何を」するかを決めた後は数を決定していきます。

このような数を決めることによって，「いつ」するかが決められるようになります。「研究授業が11月で，それまでに協力者会が2回だから10月の下旬と9月の上旬ぐらいだろうか」のように考えていきます。当然，定期テストや他の学校行事との兼ね合いを考えることも重要です。

最後に「だれが」するのかです。研究授業はだれがするのか，指導助言はだれにお願いするのか，協力者はだれにお願いするのかなど，最も決めるの

が難しいところです。そして，急いで決める必要もないものです。

　大切なのは，**いつまでに決めるかを決めておくこと**です。決まらないこと，決められないことも，「○月○日までには決める」という見通しを立てておきましょう。

　また，「だれが責任者か」を決めておくことも重要である場合があります。他の先生方も含めて数人で相談して夏季研修のテーマを決める場合のように，何人かが関わっている際には，責任者をはっきりさせておかないと，全員が「だれかがやってくれるはず」と思ってしまうことが考えられます。

　「あなたがやってくれるものだと思っていた」ということがないように，責任の所在を明らかにしておきましょう。

他の行事を動かしてもらうことも

　私の勤務校は研究大会を行っています。時期は11月です。導入した１年目の反省で「11月は忙し過ぎる」という声が上がりました。確かに，秋に学校行事が集中している状況になっていました。

　しかし，研究への取り組みやすさ，次年度への準備などを考慮したところ，やはり研究大会は11月に行いたかったため，先生方にお願いして，文化発表会を３学期に移動させてもらいました。

　計画を立てる際，他の行事の状況を勘案することも大事ですが，可能であれば行事を移動してもらうことも考えると，可能性が広がります。

計画とは，「何を」「どれくらい」「いつ」「だれが」を明確にすること。また，決まっていないことをいつまでに決めるのかも計画の一部。自分にできる範囲，だれかにやってもらえる範囲を考えて計画を立てよう。

第２章　研究主任の仕事，まずはこれから　041

17 3つのポイントを押さえて，伝わりやすい話をする

職員会議での提案や協議会での司会。
研究主任になると，全体の前で話す場面が増える。
そのとき，伝わりやすく話すためのポイントが3つある。

前に立つ場面が増える

　研究主任になると，全体の前で話す場面が増えます。そのようなときに話をしっかり聞いてもらうために私が意識しているポイントは次の3つです。

①静かになってから話を始める。
②全体が聞ける環境になっているかをチェックする。
③何を話して何を話さないかを決めておく。

静かになってから話を始める

　自分が話を始めるタイミングでザワザワしていることがあると思います。その際，皆さんは構わず話を始めるでしょうか。私は聞いてもらえる状況が整うまでは話を始めません。静かになってから「ありがとうございます」と言って自分の話を始めます。
　私はこのような姿勢を見せることで「しっかり聞いてもらいたい」という意思をアピールしています。
　ただし，表情には要注意です。しかめっ面で静かになるのを待っていると嫌な雰囲気になります。**明るくにこやかに待っておくことが大事**です。

全体が聞ける環境になっているかをチェックする

　私が会議などで人の話を聞く気持ちが薄れてしまうのは，声が聞こえにくいときと何について話をしているかがわからなくなってしまったときです。そのため，自分が話すときは聞き手がそうならないよう気をつけています。

　まずチェックすることは「一番遠い人に自分の声が届いているかどうか」です。毎回聞くのは憚られますが，「これぐらいの声量で聞こえているでしょうか」と遠い席の人に確認を取ります。話をするときには一番席が遠い人に届けるつもりで話をしています。

　次に，資料のチェックです。このときも**「資料はありますか？」と聞くだけではなくて，探している人がその資料を出すまでの時間を稼いでから話します**。自分の話についてきてもらえない状況をつくらないためです。

何を話して何を話さないかを決めておく

　話が長いと集中して聞いてもらえません。短く，わかりやすく話すためにも，事前に計画を練っておきましょう。その際，**説明を短くするというよりも，何を話して何を話さないかを決めておくことが大切**です。

　十分に説明するべきところを短く説明してしまうと伝わりません。一方，資料を見てもらうだけで十分なところを説明していると「見たらわかるよ」と思われてしまいます。自分の言葉で説明しなければ伝わりにくいところをどう伝えるのか，今は見ておいてもらうだけで話す必要がないものなのか，事前に判断して話の内容を練っておきましょう。

話を聞いてもらうには話す内容以外にも気をつけたいポイントがある。聞いてもらうための環境をつくる意識をもとう。伝えるだけでなく，伝わるためにできることをしよう。

第2章　研究主任の仕事，まずはこれから　043

18　3つのポイントを押さえて，見てもらえる文書をつくる

> 文書をつくっても，見てもらえなければ意味がない。
> どうすれば見てもらえる文書になるのか。
> 大事なのはパッと見たときの印象。

どっちの方が見たいか

突然ですが，下の研究通信はどちらの方が見やすいですか。
もしくは「見てみようかな」という気持ちになりますか。

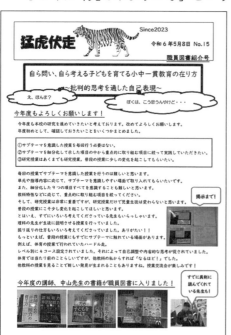

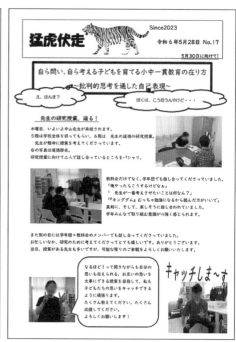

044

文書は見てもらってこそ

　前ページの研究通信を比べると，右の方が「見てみようかな」という気持ちになる方が多いはずです。それは，**文字数が少なく，余白があることでパッと見たときの圧迫感が少ないから**です（左は反省点の多い通信です）。

　私が文書の文字数を少なく，余白のあるものにするために意識していることは次の3つです。

> ①伝えたいことを絞る。
> ②まとまりごとにグループをつくる。
> ③一文一意を意識し，文を短く区切る。

　前提として，文書は何を伝えたいのかを明確にし，伝えたいことを絞る必要があります。「これは何を伝えたい？」と聞かれたとき，「○○です」とひと言で答えられるのが理想です。「○○と○○」のように「と」が入るような場合は1枚にまとめず，2枚に分けることも考えるとよいでしょう。

　余白を生むには，まとまりをつくることが効果的です。まとまりをつくれば，まとまり同士の違いをはっきりさせるために自然と余白が生まれます。

　また，文が短ければその分余白が生まれやすくなります。一文で言うことを1つに絞ると，必然的に文は短くなります。右の研究通信は，ほとんどの文が1行で収まっています。

　研究通信を例に出しましたが，研究通信以外の文書作成すべてに同じことが言えます。見てもらうために見やすい文書をつくりましょう。

「見よう」と思ってもらえる「見やすさ」が大切。見てみたら「読みやすい」と思ってもらえることも大切。「見やすさ」と「読みやすさ」という2つの視点をもとう。

19 2つのポイントを押さえて，考えてもらえる会議にする

提案だけできたらOKではない。
先生方に十分に考えてもらう時間を取るべき。
特に年度はじめは考えてもらえる状態かどうかを気にかけよう。

考える時間があるか

　職員会議などで何か提案されたときに私が困るのは，考える時間がないということです。

　事前に資料が配付されていたり，知らされていたりする場合はよいのですが，会議の直前に資料が配られ，簡単に説明されただけでだれも何も言えずに進んでいくことがときどきあります。

　全員で考えていきたい研究に関しては，同じような状況にしたくないと思っています。だからこそ，次の2つに気をつけています。

①できるだけ早い段階で資料を配付しておく。
②資料を配付していること，考えておいてほしいことを知らせておく。

　提案したいことは，提案する日よりも数日前に資料として配付しておきたいと思っています。事前に目を通し，考えておいてほしいからです。

　さらに，「資料を配付しているので，職員会議までに目を通しておいてもらえると助かります」とお知らせしておくとより丁寧です。資料がない場合でも，事前に「来週の現職教育では○○について意見をもらいたいと考えているので，少し考えておいてもらえるとうれしいです」とアナウンスしてお

くと，提案がスムーズに進みます。

　事前に配付できない場合は，意見を書いてもらう紙を用意しておき，提案してから提出までに数日の時間を取る方法もあります。**事前であれ事後であれ，十分に考えてもらう時間を確保したいもの**です。

　これらは，根回しという点でも重要です。提案資料を配付してから提案までに時間があることで，「4　必要な場合を見極めて，根回しをする」で述べた動きがしやすくなります。

年度はじめに気をつけること

　異動してきたばかりの学校で突如研究主任を拝命する，ということはあまりないと思います。たいていは，前年度から在籍している先生が研究主任になるでしょう。そこで年度はじめに気をつけなければいけないのが，**異動してきた先生方への配慮**です。

　昨年度の流れを知っている立場からすると，「昨年度と同じで」という言葉が便利で，ついつい使ってしまいがちです。しかし，異動してきた先生方は当然「えっ，昨年度と同じと言われても…」となります。「私たちのことは考えてくれていないの…？」と思われてしまうかもしれません。

　特に，昨年度から研究テーマを引き継いでいる場合や，昨年度の研究テーマを踏まえて研究を進めていく場合には，これまでの研究の経緯を丁寧に伝えておく必要があるでしょう。

　新しく異動してきた先生方のみを対象にした現職教育の時間を取ってもよいくらいだと思います。

会議が始まってから考えるのは時間がもったいない。
会議は決めることに時間を使うべき。
事前に考えておいてもらえるように働きかけよう。

20 3つのポイントを押さえて，職員図書を有効活用する

> 研究のために勉強は必要不可欠。
> そのためのツールとして書籍は身近な方法の1つ。
> 職員図書を活用し，学ぶ環境をつくろう。

職員図書を有効活用していますか

　職員図書を購入しているでしょうか。学校によってはあまり購入していないこともあるかもしれませんが，非常にもったいないと思います。

　下の写真は，私の勤務校の職員図書の一部です。

　勤務校の研究テーマで取り上げている「批判的思考」に関する書籍や勤務校で講演会を行ってくださった先生の著書などを購入して並べています。

　研究テーマに「批判的思考」が取り上げられたからといって，自分で関連

書籍を購入する先生は多くないでしょう。しかし，**身近にあることによって手に取ってくださった先生はたくさんいました**。あれば読むという人はいます。積極的に職員図書を購入することをおすすめします。

買って終わりではない

　職員図書は買って終わりではありません。読んでもらうために手を打つべきです。私が行っていることは次の３つです。

---
①研究通信で購入した図書を紹介する。
②ほしい本を言ってもらう，選んでもらう。
③読んだ先生と話す。

　「えっ，そんな本買っていたの？」とならないように，購入した本は研究通信で紹介します。例えば，「批判的思考」で関連書籍を何冊か購入したら，「○○から読むのがおすすめです」のようにひと言添えて紹介します。

　また，私が本を選ぶだけでなく，他の先生方にリクエストを募ります。具体的にほしい本を言ってもらったり，どんな内容の本がほしいかを聞き取ったりします。特に，研究授業をしてくださる先生には必ず聞きに行くようにしています。

　そして，読んでくださった先生には，感想を聞いたり意見交換したりします。これを職員室で行うことで，まわりの先生方にも「○○先生も読んでいるのか」「へぇ，ちょっと気になるな」と思ってもらえます。

本を読まない教員が増えているというが，自分では本を買わない先生も職員図書なら手を伸ばすかもしれない。学ぶ環境づくりとして，職員図書を有効に活用したい。

21 複数年で教育計画を見直す

教育計画には研究に関するページがある。
研究主任になると、そのページの見直しと修正をすることになる。
初年度は自分にできる範囲で、2年目以降はじっくりと。

まずは「できる範囲」で

　教育計画の中に、研究主任が研究に関する計画などを書くページがあります。研究主任になると、このページの見直しと修正を行う必要があります。
　例えば、次のような項目があると思います。

①研究主題
②主題設定の理由（研究の目的など）
③研究の方法（仮説）
④研究主題に迫るための重点（本年度の努力点など）
⑤研究組織・体制

　研究主任の1年目に教育計画に大きく手を入れていくというのは、なかなかできることではありません。
　学校によって異なるかもしれませんが、私の勤務校では1学期の間に計画の見直しと修正を行わなければなりません。
　新年度が始まってただでさえ忙しい時期に、研究のテーマや研究の方法を見直し、まわりの先生方に意見をもらいながらまとめ直していくことは、私にはできませんでした。

よって，研究主任になった初年度は，見直して不要だと思った部分を削除したり，研究体制など変更がすでに決まっている部分を修正したりするくらいで，私はほとんど教育計画に手を加えられませんでした。
　「初年度はできる範囲で」という意識で十分だと思います。もちろん，もっと修正できた方がよいでしょうし，できる場合はもっと修正していくとよいと思います。

次年度に向けて

　研究主任は，1年で交代することは少なく，数年間は連続して担当することが多いと思います。
　そこで，初年度はあまり手を加えられなかった教育計画も，2年目には，1年目に進めてきたことを中心に見直しと修正を加えていくべきです。
　先述のように，私の勤務地では1学期中に教育計画の見直しと修正を行わなければなりません。新年度になってから考えようと思っていると，なかなかまとまって時間を取ることができません。
　新年度には新年度になってからやるべきこと，やりたいことがどんどん出てくるので，**年度内に今年度の研究についてまとめ，教育計画の修正できるところは先に修正しておく**ことをおすすめします。そうすることによって，次年度への課題が見え，次年度はよいスタートが切れます。
　年度末，研究について教育委員会に提出する書類などを作成することもあると思います。その際，教育計画の内容を意識して書いておくと，書いたことをそのまま教育計画にも使えることがあって一石二鳥です。

終わりは次の始まり。
1年単位で考えず，次年度のことを視野に入れておこう。
年度内にできることは年度内にやっておくとよい。

22 無理が生じない形で研究紀要を作成する

年度末を一層忙しくさせる，研究紀要の作成。
そもそも作成の義務はないものにどれだけの時間と労力を割くか。
どのような形が無理のない形だろうか。

研究紀要はどんな形がよいのか

私の勤務校のある年の研究紀要の目次を紹介します。

冒頭に校長先生のあいさつ文があり，教育計画に記載している教育目標や教育方針を活用して研究の方向について示した後，指導案や研究通信を使って勤務校が取り組んできたことをまとめています。

この形であれば，**それまでに取り組んできたものを活用しているので，研究紀要のためだけに取り組む仕事はほとんど生まれません。**

「えっ，そんなものでいいの？」と思われたかもしれません。しかし，これぐらいのもので十分ではないかと思っ

目　次

はじめに
Ⅰ　教育目標及び教育方針
　　1. 教育目標 ････1
　　2. 目指す子供像 ････1
　　3. 目指す子供像の実現に向けて ････1
　　4. 教育課程の編成 ････2

Ⅱ　本年度の取組
　◇研究授業指導案
　　　第6学年 ････3
　　　第3学年 ････7
　　　第7学年 ････11
　◇研究会公開授業指導略案集 ････16
　◇研究会指導案
　　　第1学年 ････28
　　　第5学年 ････32
　　　第8学年 ････37

Ⅲ　現職教育通信

ています。

　そもそも，私の知る限り，研究紀要の作成は絶対の義務ではありません。おそらく，研究紀要を作成していない学校もあるのではないでしょうか。絶対のものではないのであれば，私たちが無理なく作成できるくらいのものがよいと思います。

　内容についても，研究総論などよりも，指導案や研究通信の方が実際の様子がよく伝わります。見るのは勤務校の職員，今後勤務校に異動してくる先生方がほとんどです。記録としてはこの形で十分だと思います。

　ただし，注意したいのが，**研究通信で普段の取組や研究テーマを決め直した過程などがしっかり伝わるようになっていること**です。研究紀要を作成することには時間をかけていませんが，残したいことは記録としてきちんと残しています。

　また，ベストがこの形であるとは言っていません。あくまでも「負担を考えたら，このような形の紀要でも十分ではないか」ということを示したに過ぎません。書くこと，書く余裕があるのであれば，もっと充実した紀要を作成することも考えられます。

相談は必要

　ただし，研究紀要の内容を変えるとなると，研究主任の一存で行ってはいけません。校長先生に相談して許可を得ることも必要です。もし，自分が提案した形ではいけない場合，過去の教育計画を参考にしたり，どのような形が望ましいかを校長先生に教えてもらったりするとよいでしょう。

研究紀要を作成する時期になってからつくり始めてはいけない。
これまでにつくってきたものを活用しよう。
その方が質もよく，時間も削減できて一石二鳥。

第2章　研究主任の仕事，まずはこれから　053

23 他校の研究大会に参加する

「研究ってどうやって進めればいいのだろう」イメージがわかない場合は,他校の研究大会に参加するとよい。学ぶことが多く,熱量が高まること間違いなし。

行けば必ず何か発見がある

　私は研究主任になってから他校の研究大会に数回行かせてもらっていますが,行くたびに新しい発見があります。また,その発見は多岐にわたります。
　例えば,研究の進め方は大いに勉強になります。附属学校などは,ものすごく分厚い研究冊子を発行しています。そこまでのものをつくることはできないとしても,見本として参考にできるところはたくさんあります。
　実際に私はいただいた研究冊子を見て,研究テーマを具体化する必要性や研究テーマの検証の仕方などを学ばせてもらいました。
　また,他校の研究大会で講演していた講師の先生の話に感銘を受け,翌年に自分の学校に講師として来ていただいたこともあります。
　研究の進め方以外にも新しい発見はたくさんあります。例えば,「知らない学校は,どこにどうやって行けばいいかわからないとすごく不安だなぁ。学校内の案内表示は丁寧にしよう」「協議会の時間は短いと満足感がないなぁ。協議会の時間は長めにしよう」といったことを感じることができます。
　これらは,**主催する側ではなく,一参加者として参加するからこそ見えてくるもの**です。別の学校を見ることが,自分の学校の在り方を考え直すきっかけになります。

同僚と一緒に参加する

1人で他校の研究大会に参加したこともありますが，同僚と一緒に参加するともっと有意義です。その理由は，次の2つです。

①感想を共有して，考えを深められる。
②研究に熱心な学校の雰囲気や熱を感じる人は多い方がよい。

協議会の進め方が気になる人もいれば，研究テーマが気になる人もいます。協議会の進め方をとっても，よいと思うかイマイチだと思うかは人によって異なります。それぞれが違う感想をもつからこそ，話し合うことによって互いの考えが深まっていきます。

また，参加することで研究に対する熱量は絶対に高まります。**同僚がやる気になってくれたら，心強い味方が生まれて最高**です。

研究大会に参加する際，可能であれば同僚を誘って参加しましょう。

研究大会の見つけ方

私の勤務地では，公立中学校でも公開授業研究会を行っているところが複数あり，案内が回ってきます。また，附属学校であれば，必ず研究大会を行っています。インターネットで「中学校　研究大会」と検索すればいくつかヒットしますし，私の勤務地では教育委員会に尋ねると教えてくれます。

ぜひ，一度他校の研究大会に参加してみてください。

研究大会や公開授業研修会を行っている学校は案外多い。
行ってみたからこそ学べること，感じられることが必ずある。
同僚と一緒に参加できたらさらによし。

24 授業以外に関する研修会を企画する

不登校への対応や生徒指導対応といったずっと変わらない課題。
1人1台端末の活用や生成AIのように新しく生まれる課題。
私たちが考えなければならないことは山積み。

必要感の強いテーマを取り上げる研修

　私たちが普段直面する悩みや課題は,授業に関することだけではありません。

　学校の研究テーマと結びつけ,授業のことだけを考えていられるならよいのですが,実際はそうではありません。

　「不登校の生徒にどう対応していけばよいのだろう」「保護者の方とうまく協力関係をつくりたいけれど,どうしたらよいのだろう」といった,もっと身近で必要感の強い課題がたくさんあります。

　勤務校でも,生徒指導対応や保護者との関係づくりなど,授業に関すること以外のことも学びたいという声がありました。

　そのため,勤務校の夏季研修会では,生徒指導提要の改定や保護者対応など,先生方が学びたいと思っているテーマを取り上げています。

　このような研修会を行うと,先生方から質問の手がたくさんあがります。ニーズに合わせた研修を行うことの重要性を強く感じさせられる場面です。

　勤務校では,このような研修は夏季に一度,夏休みの登校日に行っているだけですが,学校によって夏冬2回(例えば,2学期と3学期の始業式の午後など)行っている学校や,毎学期1回行っている学校もあるようです。

　先生方の必要感の程度や扱いたいテーマの数に応じて,どのような研修を

何回行うのかを決めていくとよいでしょう。

心に刻まれた2つの言葉

研究主任になってから聞いた次の2つの言葉が，ずっと心に残っています。

> 「研究研究」ってなってよい授業を考えても，子どものことを見ていなくて，子どもとの関係ができていなかったら，子どもたちは授業についてきてくれないんだよな。

> 授業がうまくいかなくて「先生辞めよう」って思う先生がいますか。たいていは学級経営がうまくいかなくて子どもたちとの関係がうまくいかなくて辞めていく先生が多いんですよ。

1つ目の言葉は，私がお世話になっている先生，2つ目の言葉は上越教育大学の赤坂真二先生の言葉です。どちらも私が聞いた記憶を基に再現しているので，一言一句そのままではありませんが，おっしゃっていることは伝わると思います。

「研究を意識するあまり，生徒を置き去りにしてはいけない。授業以外にも考えていくべきことがある」と思わされた言葉です。

現場の研究を進める者として，目の前の生徒や先生方の思い，実態をきちんと見なければなりません。自戒を込めて紹介させていただきました。

やりたいことをやるには，やるべきことが終わっている必要がある。研究も同じ。研究以外の不安を軽減してこそ研究に目が向けられる。研究に取り組んでもらうためにも先生方が求めている研修を行おう。

第2章 研究主任の仕事，まずはこれから 057

コラム

初任者の言葉

研究授業について話しているとき，ある初任の先生が，次のように言いました。

「皆さんが『研究授業をやりたい』って言っているなら，やる意味があるものだと納得できます。でも，皆さん『やった方がいい』とは言ってくれるのですが，『自分がやる』と言っている先生はあんまりいないので，本当はどうなのかなと思ってしまいます」

私は，この初任の先生が言っていることに深く納得すると同時に，先輩教員としての責任の大きさを感じました。先輩教員がやりたがっていないことに，若手の先生がやってみたいという気持ちをもつはずがありません。

先輩教員の姿は，若手の先生にとって自分の未来を予想させるモデルとして非常に強い影響力をもちます。

この本を手に取ってくださった先生方は，研究主任の先生，もしくはこれから研究主任になる可能性のある先生だと思います。そのような先生であれば，やはり，授業について真剣に考えている姿，楽しそうに授業に向き合っている姿を見せていくべきだと思います。

また，これは授業に限りません。研究主任という職務を嫌々やっているように見られているか，真剣に向き合っているように見られているかによって，まわりの目は変わります。どう見られているかによって，まわりの先生方の協力してくださる姿勢も変わってくると思います。

自分の姿がまわりにどう映っているのか，どのような影響を与える可能性があるのかを考えましょう！

第3章
研究の進め方

25 過去の研究を遡ることから，新しい研究の第一歩を踏み出す

研究を進めるといっても，どうすればよいかイメージがわかない。そのような場合，まずはこれまでを知ることから始めよう。これまでを知ることで，これからのことが考えやすくなる。

まずは反省ありき

　研究を進めるにあたり，進め方を1から考えるのは難しいものです。何もない状態から，新しいことを考え出すのはそうそうできることではありません。

　そこで大切なのが，これまでの反省です。

　「こういう方法をやってきたけれど，ここが不満だった」「こうやっていたけれどこうやった方がいい」のように，これまでの反省があるからこそ，次の進むべき方向性が見えやすくなります。

　実際に勤務校でも，反省を踏まえることで，以下のように「次にどうしていくか」が明確になりました。

- 全員が総合を研究するのは困難→それぞれが自分の教科を研究する
- 研究授業を行う回数が多い　　→研究授業は年間1回にする
- 研究主題がわかりにくい　　　→サブテーマを新たに設定する

　前年度に自分自身が研究に対して感じていた不満や疑問がある場合は，それを基に考えるとよいでしょう。

　また，他にも次のような方法も大切です。

- 前年度末の「反省と提言」を見返す。
- 前年度までの教育計画や研究紀要を見返す。

　私の勤務地では，年度末にそれぞれの校務分掌に対して疑問に感じたことや困ったことなどを共有する時間があります。

　自分が研究主任でなかったときにも一度見ているはずですが，立場が変わってからもう一度見直すことで気づくこともあります。

　他の先生方が研究に対してどう思っていたのかを知るためにも，ぜひ確認したい内容です。

教育計画や研究紀要も大切な資料

　自分の学校がこれまでどのような経緯で今の研究に至ったのかを知るためにも，教育計画や研究紀要は貴重な資料の1つです。特に，**前年度のものだけでなく，数年前のものまで遡る**ことをおすすめします。

　前年度までの研究がそれまでの研究の反省の上に成り立っていることが理解できるうえに，今後の自分が気をつけるべきポイントが見つかるからです。

　私は，研究紀要を見返して，私の勤務校でも全員が総合的な学習の時間を研究する前は教科を取り上げて研究している時期があったことを知りました。しかし，そのときは教科が限定されていたため，うまくいかなかったようでした。その経緯を知ったからこそ，やはり全員が自分で研究教科を選べるようにするべきだという思いが強くなりました。

前年度までの反省が，今後を考える一番の材料。それとともに，もっと前まで遡るために教育計画や研究紀要も確認しよう。故きを温ねて新しきを知る。過去から学ぼう。

26 サポート体制を考慮して研究部会を組織する

研究を進める土台となる研究部会。
「教科会があるからそれでいい」と思うかもしれない。
しかし，もっと授業者をサポートできる仕組みがあった方がよい。

部会のもち方

　研究を進めるためには，研究部会を組織する必要があります。勤務校では，次の2つの部会を組織しています。

①教科研究部会
②授業研究部会

　いくつかのパターンを試した結果，現在はこの形に落ち着きました。
　教科研究部会は，それぞれの先生方が研究したいと自分で選択した教科で集まるグループです。道徳や総合を選ぶ先生もいらっしゃいます。中学校によくある教科会と同じようなものだと思ってください。年間を通して，基本はこの部会で研究について考えていきます。
　注意すべきは，**人数の少ない教科研究部会が出てきてしまうこと**です。
　勤務校では，人数の少ない教科研究部会は所属される先生方の許可を得たうえで，音楽科と美術科を合同にして芸術部会とする，といった対応をしています。「1人でもいいです」と言われる先生は1人部会になる場合もあります。
　授業研究部会は，研究授業をしてくれる先生がいる教科研究部会を中心に，

それ以外の教科研究部会を人数が均等になるように分けた部会です。
　以上を図にすると，次のような形になります。

【教科研究部会】

国語
数学
社会
理科
外国語
道徳・総合
芸術
技術・家庭
体育・養護

【授業研究部会】

研究授業	サポート
国語	社会 技術・家庭
理科	数学 芸術
外国語	道徳・総合 体育・養護

　授業研究部会の大きな目的は，研究授業の際の準備や運営など雑務面でのサポートをすることです。研究授業に向けた特別な組織です。

学年部会という考え方も

　勤務校では，教科を中心に部会を組織していますが，学校規模が小さく，職員数が少ない場合，学年部会を組織することも考えられます。
　学年部会は，普段から同じ生徒を見ていることが多い先生同士で連携が取りやすいというよさがある一方，**教科が違うと意見が言えない雰囲気が強い場合，授業については授業者の負担が大きくなってしまう**という課題もあります。教科が違っても話せる状況ならば，話しやすくてよいかもしれません。

研究のことを考えるだけなら，部会は1つでよいかもしれない。
しかし，サポート体制もあった方がよい。
学校規模や研究の進め方に合った，部会の組織を検討しよう。

27 研究部会の目的と役割を明確化する

部会を組織して,実際に何をしてもらうのか。
相談なのか,協力なのか,会の目的は様々。
部会の目的を考え,やるべきことを決めていこう。

教科研究部会の役割

年間を通して活動するのは,基本的に教科研究部会です。
例えば,次のようなことを行ってもらっています。

①研究に対しての意見を出してもらう。
②授業について相談してもらう。
③互いの授業を参観し合ってもらう。

　研究テーマを決める際の生徒の課題や１年間の研究の反省点など,意見を出してもらいたい場合は教科研究部会で話し合ってもらいます。
　また,普段の授業の様子や取組も共有してもらっています。内容は,前回の授業研究部会から今回までの取り組み状況,今困っていること,これからやってみたいことなどです。
　研究が研究授業のときだけにならないようにと考え,研究授業の有無にかかわらず,月に１回程度時間を取るようにしています。
　詳しくは,第５章の授業交流会の項(53,54)で紹介しますが,教科研究部会のメンバーが授業を公開する際には,できる限り同じ教科研究部会のメンバーが参観できるように時間を調整してもらっています。

授業研究部会の役割

　授業研究部会は，研究授業に向けて組織する特別な部会です。

　研究授業までの準備や当日の運営で助けてもらっています。例えば，指導案の印刷や授業前日の教室整備，当日の協議会の司会や記録など，授業者の負担を軽減し，できる限り研究授業に集中してもらうための組織です。

　実際，私が研究授業をした際，指導助言者の先生に自分で指導案を送ったり，指導案を印刷したりすることに負担を感じました。また，参観者が参観しやすいように広い教室に移動して授業を行ったときに，自分1人で環境整備を行ったこともありました。

　このような場合は，負担を感じることもしんどいですが，**1人で研究授業に向かっているように感じる心細さや，だれにも興味をもってもらえていないと感じる孤独感**の方が授業者には辛い場合もあります。

　そうならないよう，全員で協力するための授業研究部会を組織しています。

指導案検討はどうするのか

　指導案検討は基本的に教科研究部会で行っています。勤務校では，研究授業の日に公開授業もあるため，授業研究部会で指導案検討を行うと，授業研究部会も教科研究部会も…と忙しくなってしまいます。

　そのため授業研究部会では指導案検討をせず，**研究授業がある教科研究部会と研究授業がない教科研究部会の日を変えることで，参加できる人や参加したい人は研究授業の指導案検討に参加できる**ようにしています。

　研究や普段の授業について相談する教科研究部会。
　研究授業に向けた準備の協力体制となる授業研究部会。
　このように，何をやる部会なのかをはっきりさせたい。

28 目の前の生徒の課題から研究テーマを検討する

研究の根幹を支えるのが研究テーマ。
中学校の場合は全教科で迫れるテーマにする必要がある。
そのためにも,まず目の前の生徒の課題から考えよう。

研究テーマを決めるステップ

　勤務校の研究テーマは,ずっと「自ら問い,自ら考える子どもを育てる小中一貫教育の在り方」でした。「小中一貫教育の在り方」という部分が,義務教育学校らしさを感じさせる研究テーマですが,「義務教育学校だからこそ取り組むべきだ」という学校の目的が先行しており,また,先生方にとってもどう迫っていくのかのイメージがわいていない状況も相まって,見直すべきだと考えました。

　そこでまず,それぞれの教科部会で集まってもらい,勤務校の生徒の課題をあげてもらいました。すると,次のようなことが出てきました。

・答えを求めたがる。
・書いたことや解き方を説明できない。
・相手に理解してもらえるように話をすることが苦手。
・知識に比べると,実験の技能や思考の力が低い。
・自己決定が苦手。

　これはあくまでも一部ですが,出された課題をグルーピングしていくと,「答え」を重視し過ぎること,実際にやってみる力が低いことが共通の課題

として浮かび上がってきました。

そこで勤務校では先述の研究テーマに「批判的思考を通した自己表現」というサブテーマを設定しました。

決めるまでのステップを改めて整理すると、以下のようになります。

> ①生徒の課題を出してもらう。
> ②出された課題をグルーピングする。
> ③共通点やこれを解決すれば他も改善される根本課題を考える。

出された課題が多岐にわたる場合、共通点が見つかればよいですが、**見つからなければすべてを網羅しようとせず、他に大きな影響をもちそうな課題など、要となる課題を決めるようにしましょう**。

変えなくてもいい

研究テーマの決め方を紹介しましたが、研究テーマは絶対に変えなければいけないものではありません。むしろ、1年単位で変えていくと蓄積ができないので、数年は同じテーマを扱う方がよいでしょう。

また、**テーマ、つまり目的は同じでも、迫り方や取り組み方といった手段の部分を変えていくことは比較的やりやすい**と思います。

「もう少し対話させることを大切にして…」「課題設定の仕方を工夫して…」のように、目的達成のための具体的な手立てを見直し、変更したり、新たな方針を打ち出したりすることも大切だと思います。

同じものが何年も続いている。目の前の生徒に合っていない。
そのような研究テーマであれば、変更を検討しよう。
生徒の課題から考えることで、生徒のための研究テーマになる。

29 研究テーマを具体的な行動レベルで示す

「研究テーマが決まったし,さぁ,みんなで研究するぞ」
しかし,それではうまくいかないときもある。
それは,研究テーマの具体が伝わっていないから。

イメージの共有が不可欠

　研究テーマが決まって,先生方にお伝えするときに気をつけたことは,「キャッチーなフレーズ」「イメージの具体化」です。

　「批判的思考」を「え,ほんま?」,「自己表現」を「ぼくは,こう思うんやけど…」とフレーズ化して,研究通信に示しました。

　また,図式化し,こんなことができればいいという具体的なイメージを示すようにしました。

　共通認識ができていなければ話もできないので,具体を示すことは必要です。

さらに具体化するために

前ページのような方法でイメージの共有をしましたが，先生方からは「なんとなくわかるけれど，具体的な姿がわかりにくい」という意見が出ました。そこで，次のような図を作成しました。

```
         批判的思考を通した自己表現
   ┌─────────────┬─────────────┬─────────────┐
   │ 自分の頭で   │ 考えを       │ 他者と       │
   │ 考える力     │ 表現する力   │ 学ぶ力       │
   ├─────────────┼─────────────┼─────────────┤
   │ 知識や考えを │ 知識の活用や │ 他者と積極的 │
   │ うのみにせず，│ 自己の考えの │ に関わり，   │
   │ 様々な思考を │ 発信に積極的 │ 協働的に学ぼ │
   │ 通して吟味・ │ に取り組もう │ うとする力   │
   │ 判断する力   │ とする力     │              │
   ├─────────────┼─────────────┼─────────────┤
   │①物事を複数の│④正解不正解に│⑦クラスメイト│
   │ 視点から考え，│ こだわらず， │ の発言をよく │
   │ 評価や判断す │ 自分の考えを │ 聞き，反応す │
   │ ることができ │ 発信すること │ ることができ │
   │ る。         │ ができる。   │ る。         │
   │   (複眼的思考)│    (積極性)  │    (対話的)  │
   │②客観的な根拠│⑤答えのない問│⑧他者の意見か│
   │ をもって自分 │ いや課題に対 │ ら学び，また，│
   │ の考えを組み │ し，粘り強く │ 互いの考えを │
   │ 立てることが │ 取り組むこと │ 高め合うこと │
   │ できる。     │ ができる。   │ ができる。   │
   │   (論理的思考)│   (粘り強さ) │    (協働的)  │
   │③自分の学び方│⑥自分たちで課│⑨互いの考えや│
   │ や考え方を振 │ 題を見つけ， │ 個性を尊重し │
   │ り返って評価 │ 見通しをもち，│ ながら，他者 │
   │ したり，次の │ 解決方法を考 │ と協力するこ │
   │ 課題を見つけ │ えることがで │ とができる。 │
   │ たりすること │ きる。       │              │
   │ ができる。   │   (自己調整) │    (協力的)  │
   │   (内省的思考)│             │              │
   └─────────────┴─────────────┴─────────────┘
```

この図ではサブテーマをさらに細分化し，具体的な行動レベルで示しています。これによって，先生方もイメージしやすくなったようでした。

研究テーマを具体化し，何ができればよいのかを示すことが研究主任の重要な役割です。

研究テーマは抽象度が高い場合が多い。それぞれの考えが異なっていたり，具体がわからない先生もいたりする。研究主任が研究テーマの具体を示そう。

30 研究テーマに合った方法で成果を確認する

研究は，どう始めるかも大事。どう進めるかも大事。
しかし，研究の成果を確認することも忘れてはならない。
研究の成果をどう確認するかを考えよう。

研究の成果を確認する方法

研究を始めるときには，研究をまとめる際にどのような方法で成果を確認するかを見通しておく必要があります。方法によっては，研究を始める際のデータを取っておく必要があるからです。

研究の成果を確認する方法には，大きく次の３つの方法があります。

①テストの数値で見る。
②アンケートの数値で見る。
③理想の状態を実現できているか，近づいているかを教員が見取る。

数値化しやすいものについてはテストがおすすめです。全国学力・学習状況調査や各都道府県が行っている調査問題などを活用し，学力向上の度合いを確認するという方法です。テストは成果がはっきりわかりやすいですが，数値化しにくい成果に対しては活用しにくい方法です（研究として数値化を求めるかどうかも議論できるところではあります）。勤務校の研究テーマは数値化が難しかったため，アンケートと見取りを採用しています。

アンケートは，次ページのようなもの（一部）です。このようなアンケートを５月と12月に行い，数値を比較します。

```
【Ⅱ期】(5～7年)
①自分の考えだけではなく、いろいろな視点から考えることができていると思う。
②適切な根拠や理由をもって自分の考えをもつことができていると思う。
③できたかどうかではなく、自分の学び方や考え方について振り返ることができていると思う。
④自分の考えを発信したり表現したりすることができていると思う。
④どのように伝えればわかりやすいかを意識して自分の考えを伝えることができていると思う。
⑤難しい課題であっても諦めず、粘り強く取り組むことができていると思う。
⑥課題の解決について見通しを立て、解決に向けて行動することができていると思う。
⑥どのような方法で取り組めば課題が解決できるか、方法を考えることができていると思う。
⑦クラスメイトの発言をメモするなど、よく聞いて理解することができていると思う。
⑦クラスメイトの発言に対して、自分の考えを付け加えたり違いを考えたりすることができていると思う。
⑧必要に応じて他者の意見を取り入れ、考えを広げたり深めたりすることができていると思う。
⑧積極的に自分の意見を伝えたり相手の意見を聞いたりすることができていると思う。
⑨自分の得意や特長を理解し、それを生かしてクラスや学校に貢献できていると思う。
⑩失敗したり間違ったりしても諦めず、何度も挑戦することができていると思う。
⑩学んだことを覚えるだけでなく、実生活や他の授業で生かすことができていると思う。
```

①複眼的思考
②論理的思考
③内省的思考
④積極性
⑤粘り強さ
⑥自己調整
⑦対話的
⑧協働的
⑨協力的
⑩その他（応用・挑戦）

また、発達段階を踏まえ、目指す姿を具体化しています。このようなものがあれば、職員全体が共通認識をもつこともできます。

各期の達成規準

項目	Ⅰ期（1年～4年）	Ⅱ期（5年～7年）	Ⅲ期（8年～9年）
①（複眼的思考）	物事を2つ以上の視点で読み取ろうとしている。	物事を複数の視点から捉えることができる。	物事を複数の視点から捉え、評価・判断することができる。
②（論理的思考）	根拠をもって自分の考えを組み立てることができる。	根拠と自分の考えをつなぐ理由を組み立てることができる。	相手や目的などに応じて効果的な考えを組み立てることができる。
③（内省的思考）	出来たことや出来なかったことを振り返ることができる。	自己の学び方や考え方を振り返ることができる。	振り返りを通して課題を見つけ、次の行動に繋げることができる。
④（積極性）	自分の考えを発信することができる。	自分の考えを整理し、わかりやすく伝えることができる。	相手の理解状況などを踏まえ、自分の考えを伝えることができる。
⑤（粘り強さ）	継続的に課題に取り組むことができる。	困難な状況であっても諦めずに取り組むことができる。	自分だけでなく、周囲と一緒になって粘り強く取り組むことができる。
⑥（自己調整）	問題の解決方法を考えることができる。	解決の見通しを立て、効果的な解決方法を考えることができる。	自分たちで課題を見つけて見通しを立て、解決することができる。
⑦（対話的）	クラスメイトの発言に対してつぶやくなど、反応することができる。	クラスメイトの発言に対し、自分の考えを付け加えることができる。	クラスメイトの発言の内容を確認したり、反論したりできる。
⑧（協働的）	他者と共に学ぶことの楽しさを感じることができる。	他者と交流し、自分の考えを広げたり深めたりすることができる。	意見を伝え合い、互いの意見を高め合うことができる。
⑨（協力的）	ルールを守り、仲間と協力しようとしている。	自分ができることを考えて活動に参加し、貢献しようとしている。	互いの個性や特長を尊重し、集団に貢献しようとしている。

心得㉚

研究成果を確認することによって、次の課題が見えてくる。
そのためにも、どのような方法で確認するかは重要。
研究テーマに合った方法で成果を確認しよう。

第3章　研究の進め方

31 アンケートや報告に Google フォームを活用する

意見や回答を集めるのは、紙でもそれほど手間はかからない。
しかし、集計は非常に大変。
Google フォームを使い、集計にかかる時間を短縮しよう。

なぜ Google フォームを使うのか

先生方から意見を出してもらう場合も生徒にアンケートを取る場合も、次のように Google フォームで回答してもらっています。

理由は以下の2つです。

①作成と集計が簡単にできる。
②通信などに文言を貼りつけやすい。

皆さんご存じだとは思いますが、自分でゼロからアンケートを作成するのに比べ、Google フォームを使った方がはるかに短時間で作成できます。
　回答の必須設定ができるため、回答漏れを防ぐこともできます。
　また、回答と同時に集計が行われており、円グラフで回答の比率もすぐに

確認できるのが非常に便利です。

個人的には，**回答された言葉やグラフを研究通信に貼りつけやすいというのも大きなメリット**だと感じています。

特に，教科研究部会で先生から出された意見などを紹介したい場合に，コピーして貼りつけるだけで済むので，時間短縮になって助かります。

Googleフォームの弱点

私が感じているGoogleフォームでの回答の弱点は，**回答すること自体を忘れてしまいやすい**ということです。

例えば，職員にアンケートをお願いした場合，紙であれば目の前にモノがあるので忘れにくいのですが，Googleフォームだとモノがないのでつい忘れてしまう人が多いように感じます。

また，研究大会などで参加者にアンケートの記入をお願いすると思いますが，勤務校では参加者の名札にGoogleフォームにつながるQRコードを添付しておき，いつでも回答できるようにしていました。

帰りに記入してもらうのも時間の都合もあるだろうと考え，いつでも回答できるように配慮したつもりでしたが，**いつでも回答できるということが裏目に出てしまい，非常に回答率が低くなってしまいました。**

紙と違って枠がないことが影響するのか，感想もいささか短いものが多かったように感じました。

これらはあくまでも私の感じていることですが，回収率や記述量の充実度という点では紙に軍配が上がるように思います。

紙には紙のよさがあるが，効率ではやはりデジタルにかなわない。また，その後の活用しやすさという点でもデジタルは非常に便利。業務効率化のため，デジタルを取り入れる視点をもとう。

32 研究テーマを生徒にも周知する

研究テーマは生徒たちの成長を願って作成したもの。
私たち教員がどのような力をつけてほしいと思っているのか，
生徒に知らせるべきではないだろうか。

研究テーマも生徒に周知する

　学校教育目標や校訓を教室に掲示している学校は多いと思います。「○○中学校が目指す生徒の姿」のような形で，目指す生徒像を打ち出している学校もあると思います。

　学校としてどのような人になってほしいと思っているか，どんなことを願って日々関わっているかを生徒たちに理解してもらうために行っているのでしょう。生徒にも自覚をもってもらうという意味で，教員側の思いを生徒に伝えていくことは大切です。

　授業でも同じことが言えます。実際に，めあてや見通しという形で，この授業でつけてほしい力や考えてほしいことを生徒に示す先生もたくさんいらっしゃると思います。めあてや見通しを示すことで，生徒は何をどうがんばればよいのかがわかりやすくなるでしょう。

　ただし，これは教科の資質・能力に関わっていることを示しているだけの場合が多いと思います。研究テーマに関することを生徒に知らせている学校は少ないのではないでしょうか。

　もちろん教科の資質・能力に関することと研究テーマに関することが重なっている場合もありますが，そうでない場合もあるはずです。勤務校では，「29　研究テーマを具体的な行動レベルで示す」の図のように，研究テーマ

を9つの力に具体化していますが，生徒にも「先生たちはこの9つの力を伸ばしたいと思っているのですよ」と話しています。**これを知ってもらっていることで，授業で行う活動や声かけの目的や意図が伝わりやすくなります。**

生徒への周知の仕方

生徒にも研究テーマについて知ってもらうため，勤務校では次のことを行いました。

①9つの力を生徒向けの言葉に言い換える。
②生徒に9つの力を紹介する。
③9つの力を伝わりやすくするために，生徒にイラストをかいてもらう。

生徒にもわかりやすくするために，勤務校の場合は学校の名前に「虎」の字が入っていることを活用し，9つの力すべてを「○○タイガー」と名づけました。例えば，複眼的思考なら「比べタイガー」という具合です。

また，そのような形で生徒につけてほしい力について紹介したうえで，より意識づけをするために，掲示物を作成することにしました。

そのために，まず9つの力にそれぞれの動物を当てはめました。複眼的思考ならカメレオン，内省的思考ならカエル，などです。そして，その動物と虎をコラボさせたイラストを生徒から募集し，掲示物に活用しました。

このような形以外にも方法は様々考えられます。**それぞれの学校の方法で研究テーマを生徒に周知していくとよい**と思います。

生徒にも意識をもってもらうため，研究テーマを生徒に伝えよう。その方が，教員の働きかけの意図や目的が伝わりやすくなる。より伝わりやすくするため，生徒の力を借りるのもよし。

33 研究内容や方法に選択肢をつくる

> 研究主任がすべて決めてしまう。
> それではまわりの先生も"やらされ感"が高まってしまう。
> 研究する内容や方法にも選択肢をつくろう。

自分で選ぶ場面をつくる

　ここまで読まれた方で,「つけたい力が9つもあったら全部扱うの大変だろうなぁ」と思われた方がいらっしゃるかもしれません。

　おっしゃる通りです。全部を網羅するのは大変です。そこで大切なのが,**先生方それぞれに選んでもらうこと**です。

　まず,教科研究部会で集まって,それぞれの教科でどの力に重点を置くかを決めてもらっています。教科の特性によって,取り組みやすいものも変わるからです。結果,次のように決まりました。

以下に各教科会で定めた重点的に取り組む項目について共有いたします。

国語・・・・・④積極性、⑦対話的、⑧協働的
算数・数学・・・④積極性
理科・・・・・⑦対話的
社会・・・・・⑦対話的（④積極性、⑨協力的）
外国語・英語・・④積極性（相手を意識したコミュニケーション）
わ創・生活・・・⑦対話的
道徳・・・・・⑧協働的、③内省的思考、⑦対話的
音楽・・・・・⑧協働的
図工・美術・・・⑤粘り強さ
体育・・・・・⑧協働的
自立・・・・・①複眼的思考、⑧協働的、⑨協力的
健康・・・・・⑦対話的

> ④積極性、⑦対話的、⑧協働的の項目に重点を置いてくださった教科が多いです!!
> 同じ項目を意識している教科同士でも交流してみたいです!

> 教科特性やアンケート結果など、様々な視点から考えてくださいました。ありがとうございます!

当然，偏りが生まれますが，これで構いません。次年度には別の力に重点を置いてもらえば，数年かけて9つの力を網羅していけるからです。

　また，教科として重点を決めますが，「教科としては『⑦対話的』に重点を置いているけれど，この単元では『⑧協働的』を意識しよう」というように，単元や授業内容によってどの力をつけていくかは変えられます。

　研究テーマを具体化して選択肢を示すことによって，授業者が自分で決定できるため，"やらされ感"を軽減することができます。

どこまで自分で決めてもいいのか

　研究や授業力向上のための勉強は個人でも行うことができます。職員それぞれが自己研鑽しているならば，それぞれの力量は高まるでしょう。

　しかし，それでは校内研究とは言えません。なぜ校内研究があるかと考えると，学校や生徒の課題に対して教職員が一丸となって解決・改善を目指すために共通のテーマをもち，組織として協力していくためだと考えられます。

　では，それぞれが研究テーマを共有し，その達成のために自分の決めた方法で研究を行い，年度末に全員が成果報告会を行うという，自己選択型校内研修という形はどうでしょう。

　確かにこの方法は全員が主体的にならざるを得ず，よいかもしれません。しかし，全員が全員，自分で方法を決めて取り組むことができるわけではないでしょう（実現できればものすごくおもしろいとは思いますが）。

　つまり，何でもかんでも選択させるのはよくありません。**どこまでをこちらで決めて，何を先生方に選択してもらうかを考えていきましょう。**

先生方に選択してもらうことで"やらされ感"は軽減できる。
ただし，何でもかんでも選択してもらうのでは放任になる。
「決める」と「選んでもらう」のバランスを取ろう。

第3章　研究の進め方　077

コラム

失敗があってこそ

　「主任」という肩書がつくと，大きなプレッシャーを感じる先生もいらっしゃると思います。責任を感じ，「うまくやらなければならない」「完璧にやらなければ」そう思ってしまうこともあるでしょう。

　しかし，このような気持ちはかえって自分を苦しめてしまいます。気負い過ぎてもいいことはありません。「失敗はだれにでもある」「はじめてなのだからわからないことがあって当然」くらいに思っておくのがよいと思います。

　むしろ，失敗が次にやるべきことをはっきりさせてくれることもあります。私の場合，研究主任１年目の「研究テーマがよく伝わっていない」という失敗が，研究テーマを細分化して具体的に示す行動につながり，また，授業交流会という取組を始めるきっかけになりました。

　失敗したときにだれかのせいにしてしまえば気は楽ですが，進歩はありません。しかし，失敗を生かし，次に何をどうしていくかを考えていけば，必ず現状は変わっていきます。失敗を失敗のままで終わらせなければ，それは失敗ではなくなります。途中で投げ出さない限り，失敗ではありません。

　その意味でも大切にしたいのは，自分にできることを精一杯やろうという気持ちです。そして，精一杯やって失敗したと感じたことに対し，次はどう精一杯取り組もうかと考えることです。

　失敗しても大丈夫。むしろ失敗があってこそ，次にやるべきことが見えてきます。精一杯やっていれば，成果は後からついてくるものです。

第4章
研究授業，研究大会の行い方

34 前年度からの声かけで,授業者への立候補を後押しする

研究授業の授業者決定がうまくいくのは非常にうれしいこと。
しかし,なかなかうまくいかない場合も多い。
そうならないようにするには,どうしたらよいのだろう。

決め方は立候補

　研究授業の授業者決定については,アンケートで希望を確認します。
　4月半ばにアンケートを配付し,GWまでに提出してもらいます。
　そして,アンケートを配付してから提出までの間に,それぞれの先生方に「やりたい気持ちはない?」と声をかけて回ります。強制的にやらせるためではなく,**「私がやっていいのか?」と迷っておられる先生の背中を押しに行くため**です。
　研究授業の授業者は,少しでもやりたいと思う気持ちがある先生にやってもらうことが大切です。
　授業者を決める際,次のような悩みが出ることがあります。

- 去年と同じ人が研究授業をしてもよいのか。
- 研究主任は研究授業をするべきなのか。

　私は,本人が希望しているのなら,同じ先生が2年連続で研究授業をしてもよいと思います。もちろん,他にも希望者がいる場合は,優先的に他の先生に譲るべきですが,やりたいと言ってくださっている気持ちは尊重するべきだと思います。

研究主任については，率先して研究授業をやらなくてよいと思っています。全体のサポートや研究授業当日の運営の中心に立つべきだからです。

　ただし，年度の早いタイミングでの研究授業で研究テーマの具体を提案したり，普段から積極的に自身の授業を公開したりすることは，積極的に行うべきことだと思います。

希望者が少なくて困らないために

　当然，授業者の希望は多かったり少なかったりします。

　希望が多い場合，研究授業の目的やねらいに応じて決定します。個人の授業力向上を目的とするのか，学校の研究を進めることを目的にするのかによって，お願いする授業者は変わります。

　勤務校の研究授業は，研究大会として行っているものなので，異動してきて1年目の先生ではなく，昨年度から所属してくださっている先生など，状況を見て，納得してもらえる理由をきちんと考えて決定します。

　希望が少ない場合は，研究授業の中止も視野に入れて判断します。**絶対に行わなければならない研究授業でないのであれば，中止もあり**です。

　絶対に行わなければならないのであれば，自分が行う，もしくは，キャリア等を考慮し，やってもらいたい先生にお願いに行くしかありません。

　「少なくて困る」という状況にならないようにするのも研究主任の仕事です。私は前年度からまわりの先生に「来年の研究授業お願いしますね」と話を振っています。これが功を奏しているのかはわかりませんが，今のところ少なくて困るということはありません。まわりの先生方に感謝です。

本人の意思を尊重するためにも，立候補制がよい。授業者の希望が多いかどうかは，それまでの研究授業がよいものだったか，それまでの研究主任の働きかけがどうだったかが影響すると考えよう。

35 様々なアプローチで授業者をサポートする

授業者が決まり，あとは授業者にお任せ。
これではあまりにも授業者は心細く，モチベーションも下がる。
授業者をどうサポートしていくかが研究授業の質にも影響する。

決まって終わりではない

　研究授業の授業者が決まって安心する気持ちはわかりますが，「決まってよかった」で終わってはいけません。

　そこからの研究主任の働きが大事です。つまり，研究授業当日に向けて授業者のサポートを行っていくことです。「27　研究部会の目的と役割を明確化する」でも述べましたが，サポートのない研究授業は，授業者の負担感が倍増します。

　これまでにいくつかは紹介しましたが，私が行ったサポートを紹介します。

---

①職員図書の購入希望を聞く。
②協力者会の実施希望，メンバー希望を聞く。
③指導案の形式について授業者の意見も取り入れる。
④他の学校に授業参観に行く。
⑤相談できる時間を確保する。
⑥困り事がないかを確認する。

　ここでは，他項では述べていない，④と⑥について詳しく述べます。

他の学校に授業参観に行く

　英語科の先生が研究授業を行うことが決まった際,「いろんなパターンの英語の授業を観てみたい」と言ったため,他校の英語科の先生にコンタクトを取り,授業参観に行きました。**今後,生徒数の減少によって,各教科の先生が各校に2人という状況も増えてくる**はずです。その際に,他の学校の先生の授業を参観させてもらうというのは重要な方法になると思います。

　こういった動きが活発になれば,授業について考える機会が増え,自治体全体にとってもよいことではないかと思っています。

困り事がないか確認する

　私は授業者の先生に「何か困っていることはない？」「困ったことがあったらいつでも言ってください」と事あるごとに声をかけることを心がけています。時には「指導案進んでいますか？」と具体的に聞くこともあります。気にかけていることが伝わるだけでも授業者の気持ちは軽くなります。**気にかけていても,実際に声をかけなければ相手には伝わりません。**

　また,自分が声をかけるだけではありません。授業者の先生と同じ教科の先生や同じ学年の先生にも声をかけてもらえるように伝えておきましょう。1人から声をかけられるよりも複数人から声をかけてもらった方が,「みんなが気にかけてくれている」という安心感につながります。

　ただし,みんながみんな「指導案はどう？」と言うと,むしろプレッシャーです。**声のかけ方はバリエーションをもたせましょう。**

授業者をサポートする方法も様々。授業者が何をサポートしてもらえるとうれしいと思うのかを探っていこう。職員全体で授業者をサポートする雰囲気をつくれたら授業者は心強い。

第4章　研究授業,研究大会の行い方　083

36 授業者のニーズに合わせて，協力者会を組織する

「どんな授業をすればよいのか」「こんな授業でよいのか」
授業者は授業についての悩みが尽きない。
その悩みを解消するための手立てとして，協力者会がある。

協力者会は必要なのか

　私の勤務市には，中学校国語科教育研究会があります。この研究会では，毎年2名の先生が研究授業を行うことになっています。

　私が以前この研究会の事務局をしていたとき，授業者の授業づくりを協力して行う「協力者会」を取り入れてみました。

　授業者の他に教員が3名，指導助言をしてくださる先生が1名，合計5人で授業づくりを考えることにしました。

　授業者の先生から「この会でサポートしてもらえるから研究授業をしてみようという気持ちになれた」という声をもらったほか，研究授業を参観してくださった先生方からも「そのようなサポートがあるなら心強いと思う」と言ってもらいました。

　研究授業に対して「やりたくない」ではなくて「できる自信がない」という先生方も案外いらっしゃることがわかりました。

　それから勤務校でも協力者会を行うようにしていますが，授業者だけでなく，協力してくださる先生にとっても学びのある会になっています。

　まだまだ始めたばかりですが，続けることによって勤務市に授業づくりネットワークが広がっていくとよいと思っています。中学校現場で授業について考える機会を意図的にもっとつくっていきたいです。

協力者の選び方・頼み方

協力者会を行うまでの大まかな流れは以下の通りです。

①授業者に協力者会を行うかどうかを確認する。
②協力者を決める。
　1　来てほしい人がいるかを授業者に確認する。
　2　研究主任として呼びたい人に声をかける。
　3　管理職の先生に聞いてみる。
③協力者の先生に連絡を取る。
④校長先生から相手校の校長先生に連絡を取ってもらう。
⑤派遣依頼を送る。

　協力者会の目的は授業を一緒に考えてもらうことです。
　助言していただけるような「すごい」先生ばかりを呼ぶ必要はありません。**授業者が気をつかって，言われたことを全部取り入れようとして授業者のやりたい授業から離れてしまっては意味がありません。**「これが正解」のように押しつけてしまい，授業者が苦しめられてはいけません。
　「一緒に考えてみたい」という志の高い若手が集まり，悩みながらつくり上げていくことの方が結果的に授業者のためになる場合もあります。
　「教えてほしい」気持ちが強い授業者なのか，「一緒に考えていく」気持ちが強い授業者なのかによって，声をかける協力者の先生は変わってきます。授業者のニーズに合わせて，最適な協力者会を組織しましょう。

協力者の存在は，授業者にとって非常に心強い。また，協力者にとっても学びがあり，近隣校同士の協力関係も生まれる。助け合うネットワークづくりという意味でも，協力者会を取り入れたい。

37 協力者会の充実度を高める

> 協力者会を行うならば，意義のある協力者会にしたい。
> 時間がかかり，授業者が何も得られない会ではもったいない。
> 協力者会の充実度を高めるには，事前の準備が大切。

協力者会をスムーズに進めるために

実際に協力者会を行う際，授業者と参加者でそれぞれ大切にすべきことがあります。

> 授業者…資料（指導案など）を用意し，事前に配付しておく。
> 参加者…事前に考えをまとめておき，代案を出す。

協力者会が始まってからそれぞれが考え始めると，意見をまとめるまでに時間がかかります。その場で話したり聞いたりしている中で思いついたことにも重要な意見があることは多いですが，だからこそ，ある程度考えをまとめて会をスタートさせた方が議論に時間をかけることができ，よい意見が出やすくなるでしょう。

また，授業者が一番困ってしまうのは，「これはよくないのではないか」と否定されたけれど，その代案を示してもらえず，どうしたらよいかがわからない，というケースだと思います。

したがって，**参加者は「ここは○○だと△△だから，□□した方がよい」**のように，変えた方がよいと思う理由の説明と，どう変えればよいかの代案を示すことが大切です。

つまり，充実した協力者会にするために，授業者は資料を事前に参加者に配付しておくことが望ましいです。もちろん，完璧なものは必要ありません。その段階におけるつくりかけ指導案で構いません。

　事前に資料を配付しておくことで，参加者も事前に目を通してから協力者会に参加することができます。研究主任は参加者に対して「事前に目を通し，考えをまとめておいてくださると助かります」と伝えておきましょう。

　授業者の負担を高めてしまうようですが，この準備に力を使うことによって協力者会で得られるものが多くなり，かえってその後が楽になります。

協力者会を行うことの2つのメリット

　普段の業務でさえ忙しい状況の中，自分の力で授業を考えたり，指導案を作成したりする時間はなかなか確保できないこともあります。

　しかし，協力者会を設定しておくことで，勤務時間内に授業を考える時間が強制的に生まれることになります。「強制」というと聞こえは悪いですが，**他のことをしなくてもよい理由が得られるため，堂々と授業検討，指導案検討が行えます。**

　また，指導案のデータを用意して協力者会を行うことで，その場で修正することも可能になります。**簡単に修正できることはその場で修正した方が早く済みます。**

　事前に指導案などの資料を用意しておくのは大変です。しかし，先の準備が後の自分を大きく助けることにつながります。

　楽をして後で辛くなるより，先にがんばって後を楽にする視点が大切です。

協力者会までに授業者が準備をするのは大変。しかし，その苦労をしておくことで，その後が何倍も楽になる。研究主任は協力者が資料を見ておくように念押しすることを忘れずに。

38 無駄を排し，書く意味のある指導案のひな型をつくる

指導案に唯一絶対の型はない。
だからこそ，その学校の型を決めることが大事。
無駄を排除し，書く意味のある指導案を書いてもらおう。

指導案は様々

　指導案を書くことを苦手にしている先生は案外多いように感じます。書き方がわからない，そして，書く経験が少ないからこそ余計に書けないと感じているのだと思います。

　「研究授業はいいんだけど，指導案を書くのがちょっと…」と言われる先生もいらっしゃるくらいです。

　私は指導案を書くことが授業構想力を高める点で非常に効果的だと思っていますが，これまでにも何度か述べたように，研究授業の目的や公開する規模に合わせて指導案の有無や形式については柔軟に変えてよいと思います。

　例えば，授業者の負担を減らすという点で考えれば，生徒観や指導観を省略する，本時案のみにするなど，内容を削ることができるでしょう。

　また，研究との関連を強調するという点から考えれば，「指導観」を「研究テーマを達成するための手立て」のように変更したり，本時案の中に研究テーマを意識したことが伝わる内容を記述する欄を追加したりするなどの変更が考えられます。

　指導案は，指導案を書くことを目的としているわけではなく，書くことを通して授業者が授業イメージを具体化させたり，参観者に授業についてより理解してもらったりするためのものです。

自分たちにとってどのような形がよいかを考えましょう。

書き方の例示が必要

次に示すのは本校で使用した公開授業の指導案例です。
公開授業なので，かなり簡略化したものにしました。

公開授業の指導案について

名前	北村 凌	学級	8年1組	教科	国語
教材名	「平家物語」					
単元名	私たちが語り継ぐ「平家物語」〜音楽と朗読で表現する古典の世界〜				
授業のねらい	平家物語「奈須与一」の場面から読み取った真情や武士の生き方を表現するための朗読の方法を考えることができる。				
学習活動/ギミック	1）本時の見通しをもつ 2）「那須与一」の場面の朗読の表現の仕方について検討する① 　　　　　　　　　　　　　　　　　　　（自分たちのグループ） 3）「那須与一」の場面の朗読の表現の仕方について検討する② 　　　　　　　　　　　　　　　　　（同じ場面担当グループ） 4）次時の見通しと振り返りを行う				
伏虎レンズ	①複眼的思考・②論理的思考・⑧協働的				
研究テーマとの関連	描かれる状況や心情など，多様な視点からふさわしい朗読表現を考えさせ，根拠を明確にした自分の考えを持たせたい。また，意見を作り上げる際にグループワークを取り入れ，互いの考えについて吟味・検討し，互いの意見を確かなものにさせたいと考えている。				

　簡略化していますが，本校としては大切にしたい「研究テーマとの関連」を記述するようにしました。また，**このように例を示し，授業者に指導案の書き方のイメージをもってもらうことも重要**です。

指導案を書くことを苦手と感じている先生は多い。
研究主任がひな型や見本を示すことでイメージをもってもらおう。
「書ける」と思わせることが重要である。

第4章　研究授業，研究大会の行い方　089

39 事前の働きかけで，指導助言を充実させる

研究授業後の指導や助言は，授業者・参観者の大きな学び。
しかし，視点が定まった指導，助言であることも重要。
事前に研究主任が働きかけておく必要があるだろう。

指導助言がもつ意義

　研究授業の後，指導助言者の先生からいただく学びはたくさんあります。
　その点，どのような先生に指導助言に来ていただくかを考えるのも研究主任の重要な役割だと言えます。私が今までに見てきた中では，大学教授や指導主事の先生，他の学校の校長先生など様々な方がいらっしゃいました。
　指導助言者の先生にはそれぞれの専門や立場があるので，何を求めてどのような人に指導助言者をしていただくかによって，助言の方向性が大きく変わってきます。
　学校全体でUDを取り入れた授業を研究しており，研究授業でもUDを意識したにもかかわらず，指導助言では教科の話ばかりがなされ，UDに関連した指導助言がなければ，研究授業としては寂しく感じられます。
　こうならないためにも次の2点に留意するべきです。

①研究テーマなど学校として求める助言をしてもらえる先生を探す。
②事前に自校の研究テーマや求めている方向を助言の先生に伝える。

　研究テーマに精通している先生，関連した内容を知っている先生が見つかるとそれが一番よいですが，見つけられない場合も多いと思います。

その際には，「本校では今ＵＤを取り入れた授業づくりについて研究しています。研究授業でもＵＤを意識した授業を行うので，指導助言ではＵＤの視点も踏まえてご助言いただけると幸いです」と事前に伝えておきましょう。

学校独自のテーマであれば，さらに詳細に伝える必要があります。「○○という経緯で本校では□□について研究しています。先生のご専門の立場から□□についての助言もいただきたいと考えています」と伝えておくことで，指導助言がより学びの多いものになるでしょう。

それぞれの先生方の専門や立場を尊重しつつ，自分たちが求めていることも伝えましょう。

指導助言者の先生の授業への関わり方によって

指導助言者の先生の授業への関わり方には次の２つのパターンがあります。

①授業づくりの段階から参加していただく。
②当日の研究授業のみ参観していただく。

あまり多くはないですが，授業づくりの相談にのってもらったり，協力者会に参加してもらったり，事前に何回か授業を観てもらって当日も観てもらうという形もありました。それまでの経緯がわかっているので，授業や授業者のことを理解したうえでの助言になります。

ほとんどの場合は当日のみです。ただしこの場合でも，**指導案や研究に関する資料などは早めに送付し，理解しておいてもらうことが大切**です。

指導助言が，授業者の思いや学校の研究を踏まえたものになるか。
これは，研究主任が事前にどれだけ働きかけたかどうかによる。
研究主任が責任をもって，指導助言の先生に伝えるべき。

第4章 研究授業，研究大会の行い方　091

40 「この人がいい」と感じる人を講師として招く

「学校の研究をもっと深めたい。よりレベルアップさせたい」
そのような場合は，講師の先生をお招きすると心強い。
継続して関わってもらえるからこそ得られる学びは大きくなる。

講師の先生とは

　勤務校では，1限目が公開授業で2限目が研究授業，その後に協議会を行ってから講演会，というスケジュールで研究大会を行っています。
　このような場合，指導助言者の先生とは別に，講演をお願いする講師の先生を呼ぶことになります。
　私は，指導助言者の先生と講師の先生を分けて，次のように考えています。

指導助言者…研究授業に際して助言をしてくださる先生
講師　　　…研究の内容や進め方など研究全体に助言してくださる先生

　つまり，勤務校では，講師の先生には研究内容について助言をいただいたり講演会でお話ししていただいたりして学ばせてもらいながら，研究授業については，教科のスペシャリストとして指導助言者の先生に関わっていただき，教科の特性を踏まえてどのような授業をしていけばよいのかについて助言をいただく形をとっています。
　別のパターンとして，年間を通して講師の先生をお招きし，学期に1回程度来校していただいて指導を仰いでいるという学校もあります。
　どちらの場合にしても，講師の先生は学校の研究を進めていくにあたって

大変心強い存在です。**職員全員が同じ人から学びを得ることで，共通した意識で授業を考えることができるようになり，授業について話しやすくなる**からです。

講師の探し方

　道徳や総合的な学習の時間であれば，全員が授業をするので，その教科に精通した先生を講師としてお呼びすることもできますが，中学校では研究として1つの教科を取り上げることはあまりないと思います。

　つまり，「探究学習」や「学び合い」のように，どの教科にも共通する授業方法や指導法に詳しい先生をお招きするのがよいでしょう。その点，小学校よりも講師の先生を探すのが少し難しいところもあります。

　では，どうやって探せばよいのでしょうか。

　「23　他校の研究大会に参加する」でも述べた通り，勤務校に講師として来ていただいている先生は，私が他校の研究会に参加して講演を聞き，感銘を受けた先生です。

　特に，附属学校に講師として招かれている先生は，附属の先生方がお招きするだけあって，今の教育に必要な研究をされている先生である場合が多いように感じます。

　また，書籍を読んで，「この先生の話を聞いてみたい」と思う人をお招きするのも1つの方法です。

　自分が足を運んで話を聞いたり本を読んだりして，「この人がいい」と感じる人を探しましょう。

「この人に来てもらえたら確実に研究が進む」
そう思える人を見つけることはなかなか難しい。
しかし，見つかれば心強いことこの上なし。探してみよう。

第4章　研究授業，研究大会の行い方　093

41 相手意識をもって講師への依頼を行う

> 講師として来てほしいと思える先生が見つかった。
> だからといって，いきなり依頼の連絡をしてはいけない。
> 依頼する前には準備が必要。

講師についてとことん知る

　前項で，講師の先生を探すには自分で他校の研究会に行って講演会を聞いたり，書籍を読んだりすることが大事だと述べました。

　これらは，講師の先生に依頼をするときに非常に重要な働きをします。それは次の2点です。

> ①講師の先生に熱意が伝わる。
> ②講師の先生とのつながり方がわかる。

　講演会を聞いたり本を読んだりしていると，どのようなところが勉強になったのか，なぜ自分の学校の講師として来てもらいたいのかといった話が具体的にできるようになります。

　当然，話が具体的である方が来てほしいという思いが強く伝わります。

　また，他校の研究会に行って講演を聞いた場合は，その学校の先生からどのようにして講師の先生とつながり，来てもらえるようになったのかを聞くことができます。

　つながった経緯以外にも，**どのように関わってもらったのか，どのように対応したのか，細かなことを教えてもらう**こともできるかもしれません。

とはいえ，それほど他校の研究会に参加できるわけでもなく，お招きしたい先生が都合よくどこかの研究会に参加しているわけでもありません。

その場合は，書籍やインターネットの情報を頼りに連絡を取り，直接お願いするしかありません。だからこそ，書籍等を通じて事前に勉強しておき，**どのような理由でお招きしたいのかを具体的に伝えられるようにしておきたい**ものです。

講師の先生との連絡の取り方

本校の場合は，校長先生から連絡をしていただき，講師としてお招きしたい理由を伝えてもらいました。

快く引き受けてくださったのですが，日程調整が大変でした。講師をお願いされるような先生は非常に多忙であることが多いからです。

そのため，できる限り年度の早い段階で依頼するようにしましょう。

連絡を取る際には，**今後の見通しを伝えられるようにしておくことも大事**です。「来てほしいと言われても，いつ，何をしたらよいのかがわからない」という状態では，お相手も引き受けにくくなります。

「何回ぐらい来てほしいと考えているのか」「いつぐらいに来てほしいと考えているのか」「どんなことを求めているのか」を伝えることで，講師の先生もイメージしやすくなります。

また，資料を事前に送付する，準備物の有無や交通手段を確認する，など講師の先生に失礼な対応にならないように注意することも忘れないでおきましょう。

「講師をお願いしたい」とだけ伝えても，相手も困惑してしまう。
なぜお願いしたいのか，いつ，何をしてほしいのか。
考えをまとめてから依頼を出そう。相手意識が大切。

42 授業者自身が，授業の見方を示しておくようにする

「授業の見方がわからない」という若手の先生がいる。
教師の指導を見る先生もいれば，生徒の学び方を見る先生もいる。
授業の見方が変われば，授業後の意見も変わる。

授業をどこから見るか

　研究授業を含め，授業を参観するとき先生方はどこに立っていらっしゃるでしょうか。

　参観者の人数が多い場合を除き，ほとんどの先生は教室の後方に立って授業を参観されているように思います。

　では，教室の後方に立って参観するのはなぜでしょうか。

　おそらく，授業者を見るという意識が強いからだと思います。授業を見るとなると，授業者が何を言ったか，何をしているかを見ることを中心に考えてしまう気持ちはよくわかります。

　しかし，後ろからでは生徒の反応を十分に見ることができません。クラスメイトの意見に対してどのような反応をしているのか，どのような表情でノートに意見を書いているのかなどは，教室の前方や少なくとも横から見る方がよりキャッチしやすいと思います。

　どこから授業を見るかは一例に過ぎません。授業はもっと生徒の姿に注目するべきだと思います。教師の授業行為の是非も，生徒の姿を通して考えるべきです。

　授業者の板書がいかに美しくても，生徒に学びがなければその板書の意義は半減します。生徒がその板書を見て何を考えたのか，板書が生徒の学びに

どう影響を与えたのかが重要です。

　授業者が何をどうやって教えたかではなく，生徒が何をどうやって学んだかを考える方が，先生方にとってもより学びがあると思います。

見てほしいところをはっきりさせる

　私が研究授業をした際，最も学びを得られるのは協議会です。協議会で自分の悩んでいた部分が解決されるような意見が出されたときは，深く納得し，喜びを感じます。

　協議会でどのような意見が出されるかは，授業者が「研究授業をやってよかった」と思えるかどうかに非常に強く影響すると思います。

　しかし，何も手を打っておかなければ，参観者は自分が思ったことだけを意見し，授業者のほしい意見は出されないまま協議会が終わってしまう可能性もあります。

　もちろん参観者が素直に感じた意見にも大きな学びがあります。参観者全員が授業者に寄り添った意見を言う必要はありません。ただ，授業者がほしい意見が出ないまま終わらないように手は打っておくべきだと思います。

　そのため，**授業者には「主張点」「授業観察の視点」「協議してほしいポイント」として，見てほしいポイントを示してもらう**とよいでしょう。

　このように参観者に共通の視点をもっておいてもらうと，協議会で参観者同士の議論がしやすくなるというよさもあります。

　それぞれの授業者が見える部分だけに頼らず，授業者が見てほしいところを見てもらうことで，より授業者のためになる協議会にしていきましょう。

生徒のためになる研究授業にしたい。
授業者のためになる協議会にしたい。
そのためには，授業の見方を事前に伝えておくことが大事。

43 発言がたくさん出るように，司会が協議会をデザインする

協議会があることで，研究授業の価値は数段高まる。
発言の少ない協議会になってしまっては寂しい。
協議会の進め方を工夫することで，協議会を活性化させたい。

協議会の内容

協議会は，次のような順序で進められることがほとんどです。

①授業者が授業の意図を説明したり補足したりする。
②参観者が意見や感想を発言する。
③指導助言者が発言する。

このときに最も困るのが，②で参観者からあまり発言が出されないことです。そこで大切になってくるのが，司会の働きです。司会が参観者からどうやって発言を引き出すのかが非常に重要になってきます。
司会が意識するべきポイントは，次の4点です。

①参観者の発言の方向性を示す。
②発言の順番について提案する。
③協議の視点を新たに示す。
④発言しやすい雰囲気をつくる。

まず，授業者の説明や補足を受け，どのような点について意見や感想を言

ってもらいたいかを示しましょう。こうして協議会の方向性を規定することができます。参加者の発言が一定方向に集約されて，議論を行いやすくなります。

　また，校内の研究授業であれば経験年数の浅い先生から，校外からの参観者もある場合は校外の先生に優先的に発言してもらった方が発言しやすいでしょう。「○○先生からどうですか？」や「せっかくなので他の学校の先生に意見をもらえれば助かるのですが」のように，発言の順序を提案することも考えられます。

　発言が止まってしまった場合には，「ここまでは○○や△△についての意見が出されました」とこれまでの内容をまとめたうえで，「別の視点でも構いません」「他に□□の視点からはどうでしょうか」のように新たな視点を示しましょう。流れを新たにすることで発言しやすくなる参観者もいるはずです。

　それでも発言がなかなか出ないという場合には，「1分ほど近くの方と話し合ってみてください」のようにし，発言しやすい雰囲気をつくることも大切です。話し合いが活発に行われているペアを司会者が見取っておき，その後に指名することもできるでしょう。

　場を温めるという点では，協議会のはじめの段階で，同じ机の先生同士，近くの席の先生同士で少し話をしておいてもらうのもよいと思います。

　司会は協議会における授業者のような存在です。司会が協議会をデザインし，発言がたくさん出されるようにしたいものです。

協議会は互いの発言に学ぶことは多い。
しかし，発言に積極的な人ばかりが協議会に集まるわけではない。
司会が進め方を工夫し，多くの人から発言を引き出そう。

第4章　研究授業，研究大会の行い方

44 協議会の司会や方法の策を練る

協議会の充実度を左右するものが2点ある。
それは，だれが司会を行うか，どのような方法で協議会を行うか。
事前に考え，策を練っておく必要がある。

司会はだれが行うか

　司会が重要な役割であるからこそ，だれが行うかも大切になってきます。研究授業が1つであれば研究主任自身が司会を行うことも考えられます。

　しかし，研究授業が同時に複数行われる場合には授業者と同じ教科の先生や研究部会が同じ先生などにお願いすることになるでしょう。

　その場合はただお願いするだけでは不親切です。司会を担当することに不安を抱く先生もいらっしゃるでしょう。司会をお願いする場合は，どのような協議会運営をお願いしたいかを伝えたり，上のような進行例を作成して渡したりすることも必要かもしれません。

　ただし，進行例を渡されることによって「信頼されていない」「できない

協議会の進行について

〇時〇分〜
「〇年生研究協議会を始めます。司会の〇〇です。よろしくお願いいたします。
本日の助言の先生を紹介します。
本日の助言をいただくのは〇〇先生です。本日はよろしくお願いいたします。
協議会の流れは，授業者より今日の授業の概要説明，その後質疑応答，協議です。
最後に〇時〇分頃から助言をいただき，〇時〇分を終了予定とさせていただきます。
短い時間となりますが，たくさんのご意見，よろしくお願いいたします。
まず，授業者の〇〇先生，授業の概要説明をお願いします。
※授業者の説明後，協議の視点をいくつか挙げてください。

発言は校外の先生から優先するのはどうでしょうか？（後からだと発言しにくい）
必要に応じて，参観者同士の対話を取り入れたり，司会者が「〇〇についてどうですか？」と視点を示したりしてもらえると助かります。

〇時〇分〜
お時間になりましたので，〇〇先生よりご助言をいただきます。
よろしくお願いいたします。

〇〇先生（助言の先生）ありがとうございました。

これにて協議会を終了とさせていただきます。
最後に授業提案した，〇〇先生（授業者）に拍手をお願いします。

と思われて不満」と感じる方もいらっしゃるかもしれません。

　進行例を渡す場合には，「絶対にこの通りにお願いします」というスタンスではなく，「一応このような例を作成したので参考に使ってください」のように，司会をお願いする先生と事前に打ち合わせをしておきましょう。

グループで話し合うデメリット

　協議会の方法として，参観者から意見を出してもらいやすくすることを目的にグループでの話し合いを用いることがあると思います。

　確かに，グループで話し合う形を取った方が意見を出しやすい人は多いでしょう。

　しかし，グループでの話し合いには，次のようなデメリットがあります。

①グループで意見をまとめることによって，意見が取捨選択されてしまったり，意見が発言者の意図通りに共有されなかったりする。
②グループ内での意見交流にとどまってしまい，全体で考えを共有してから発言する機会がない。

　これらを踏まえると，協議の前半にグループで考えを言い合う時間を取り，後半はグループでの共有を踏まえ，発言したい人にどんどん発言してもらって全体で考えを深めていく方法がよいと考えられます。

　グループでの話し合いを例に述べましたが，**どんな方法にも一長一短があ**ります。研究授業，協議会の目的に応じて最適な方法を考えましょう。

司会を頼む場合は，事前に打ち合わせを。協議会の方法は「よくある形」ではなく，目的に応じて最適なものを選択しよう。
協議会の成功は準備にかかっている。

第4章　研究授業，研究大会の行い方　101

45 研究通信を出す目的と
タイミングを押さえる

研究主任にしか出すことができない研究通信。
全職員に配付できる文書をつくる権利があるならば使うべき。
どのように研究通信を発行するのがよいのだろう。

なぜ研究通信を出すのか

　私は，研究主任になってから研究通信を発行してきました。全職員に見てもらえる通信を発行できる機会を得られるのは研究主任くらいだと思います。せっかく機会があるわけですから，研究主任になったら積極的に発行することをおすすめします。

　研究通信を出すことには，次のような目的があります。

①情報を全体で共有する。
②研究主任の考えを発信する。
③資料として活用する。

　これまでにも何度か紹介してきたように，決定した研究テーマ，教科部会で話し合ってもらったこと，先生方の授業の「すてきポイント」など，先生方にお知らせしたいことを研究通信で全体に共有することが目的の1つです。事務連絡や研究に関する情報を通信として発行しておくことで，**先生方が見返して確認することができるのも大切なポイント**です。

　また，単に情報を伝えるだけでなく，研究授業がどのように研究と結びついていたのか，どのような思いで研究テーマを決定したのかなど，研究主任

としての思いや考えを発信するツールとしても使えます。何も発信しなければ伝わりません。**伝わらないのは伝えていないから**だと思いましょう。

さらに、資料として活用できることも大切なポイントです。研究紀要に使用することはすでに述べましたが、**通信としてデータを残しておくことで教育委員会に提出する資料をつくる際の参考にするなど、何かの際に役立つ**ことが多々あります。

作成する大変さはありますが、発行するメリットはたくさんあります。

研究通信を出すタイミング

研究通信を出すタイミングのキーワードは、「すぐ」です。

何かが決まって「すぐ」、研究授業が終わって「すぐ」など、**出そうと思うタイミングがあれば「すぐ」に書いて発行することが望ましい**です。

それは、自分自身もまわりの先生も、そのときが最も熱量が高いからです。

例えば、研究授業に関する通信が研究授業の1週間後に発行されたとして、授業者はうれしいでしょうか。参観者は授業のことを鮮明に覚えているでしょうか。「すぐ」の方が授業者も参観者も読みたくなると思います。

また、書く自分自身も、参観した直後が最も書きやすいと思います。

「すぐ」書いて「すぐ」授業者や管理職に確認してもらって「すぐ」発行する。これが最もよい発行のタイミングです。

「鉄は熱いうちに打て」という言葉があるように、「すぐ」を意識して通信を発行しましょう。

研究通信を出すメリットはたくさんある。
伝えないと伝わらない。形にした方が伝わることもある。
伝えたいことができたとき、「すぐ」に書き始めよう。

第4章 研究授業、研究大会の行い方 103

46 研究通信を無理なく 出し続ける工夫をする

研究通信を出した方がよいことはわかる。
しかし，忙しい毎日で出す余裕がない。
そんなときでも出せるようにするための工夫をしよう。

研究通信を出しやすくするために

私が研究通信を出すために工夫していることは，次の4点です。

①書式を統一する。
②型をもっておく。
③写真や図を使い，余白を生かす。
④自分以外の人の言葉を載せる。

勤務校の研究通信はすべて，冒頭の書式が決まっています。

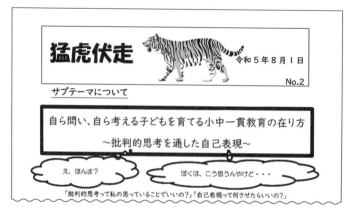

通信の名前だけでなく，前ページのように研究主題とサブテーマも毎回掲載し，先生方に意識してもらえるようにしています。

　また，授業を参観した後の通信では「ポイントを3点あげる」「写真は2枚」のように型を決めておくと，毎回同じように書くことができ，内容を考えるだけで済みます。

　このように，**書式を統一したり，型を決めたりすると，「書き方」に悩む必要がなくなります。**

　そして，写真や図を使うと，必然的に文字数を減らすことになるので，余白を生かした紙面にすることができます。また，文章を囲むことでも文字数が削減でき，さらに，その部分を強調することもできます。

　最後に，研究通信をだれかに書いてもらうという方法もあります。研究通信は絶対に研究主任が書かなければならないというものではありません。

　例えば，特別支援の知識をたくさんもっている先生に「通常学級にも必要な特別支援の視点から通信を書いてくださいませんか」とお願いすることもできると思います。

　何かの研修に参加された先生に「研修で学んできたことをみなさんにシェアしてもらえませんか」とお願いすることもできるでしょう。

　校内に熱心に勉強されている先生はいらっしゃるはずです。1枚すべてをお願いしなくても，最後に少しだけスペースをとってミニコーナーを設けたり，研究授業者にコメントをもらったり，一部分を別の先生の言葉で書くということもできます。

　通信を無理なく出すために工夫できることはないか考えましょう。

研究通信を出し続けるためには工夫が必要。
1人でガンガン書き続けるのもよいが，人の手を借りるのもよい。
出し続ければ，伝わるものが必ずある。

47 おもてなしの気持ちを環境整備や「お土産」で表す

研究会は参加者あってこそのもの。
それぞれが都合をつけて参加してくれている。
だから，参加者におもてなしの気持ちを表すことは必須。

意識は「来てもらっている」

　公開研究会や研究大会を開催する場合，私は他の学校から先生方が「参観に来る」ではなく「参観に来てもらっている」，「勉強する気持ちで来られている」ではなく「私たちが勉強させてもらう」という感覚をもっています。
　そのため，来ていただいているからにはおもてなしの気持ちが大切だと思っています。
　そして，おもてなしの気持ちを表すため，環境整備や会場づくり，「お土産」を用意することを大切にしています。

授業が見やすい環境づくりと不安にならない会場づくり

　環境整備として，研究授業を行う会場をできる限り広い場所に設定してもらうようにしています。どうしても教室で授業をしたい場合は，廊下側の窓枠やドアを外し，横からの参観がしやすい環境をつくります。
　授業を参観する際，手荷物が多いと疲れてしまったり場所が狭く感じたりするため，**授業教室と近い場所に可能な限り荷物置き場をつくる**ようにしています。
　また，学校に着くまでの案内や校内での案内表示を万全にしておくことで参観者の方々に不安を抱かせないようにする配慮は不可欠です。可能であれ

ば案内表示だけでなく，案内役を配置する方がさらに丁寧です。

他にも上履きを持参してもらうのではなくスリッパを用意しておく，前日に校内を入念に清掃することもおもてなしの一環として行っています。

また，現在は県外からの参加者が少ないので行っていませんが，荷物預かり所などもいずれは必要に応じて設置したいと考えています。

「お土産」を用意する

勤務校では，研究大会に参加してくださった方々に冊子をお渡ししています。

冊子の内容は公開授業すべての指導案，研究授業3本の指導案，それまでに発行した研究通信です。

場合によっては，参観した授業の指導案しかもらえないということもあるかと思います。

しかし，参加者の中には研究主任の先生や研究に興味のある方もいらっしゃると思います。そのような先生方にとっては，**自分の教科以外の指導案や研究の中身が見えるものがもらえるとうれしい**と思います。

そのようなことから，渡せるものは冊子にまとめて渡すようにしています。

また，勤務校は目新しい義務教育学校ということもあって，「研究紀要や教育計画がほしい」とおっしゃっていただくこともあります。そのような場合も管理職の先生と相談し，可能な場合はお渡しするようにしています。

私たちは生徒のために力を尽くす存在です。そのために協力できるところ，力になれるところは最大限協力し，力を合わせるべきだと思います。

参加者の方々には「来てもらっている」のである。
来てもらうまでの案内，来てもらってからの対応を丁寧に。
研究授業や講演会以外の面でも「来てよかった」と思ってもらおう。

48 終わった瞬間にしか できないことをやる

研究授業や研究会が終わってからもやるべきことはある。
他の先生方と同じように終わって安心しているだけではいけない。
各方面への感謝と，今後を見据えた振り返りを。

「終わった！」で終わってはいけない

　研究授業や研究大会が終わったら，「これで終わった！」という気持ちになりたいところです。しかし，そのときに忘れずにやっておきたいことがあります。
　それは次の2点です。

①これまでの取組への感謝を伝える。
②次を見据えた反省と記録をする。

　感謝やお礼を伝える相手はたくさんいます。
　まずは，授業者です。授業者の授業あってこその研究授業，研究大会です。授業をしてくれたことへの感謝と労いを最大限の言葉にして送りましょう。当日の授業後，次の日，さらに時間が経ってから，少なくとも3回は伝えるべきです。
　次に，指導助言者や講師の先生です。こちらも当日に感謝を伝えるだけでなく，後日，協議会や講演会を聞いていた先生方の感想を踏まえ，再度感謝の気持ちを伝えるべきでしょう。
　さらに，職場の先生方です。職場の先生方の支えなしに成功はありません。

全体の場で全体に感謝を伝えるだけでなく，それぞれの先生に個別にお礼を伝えに行くとよいでしょう。

　忘れてはならないのが，他校からの参加者です。お帰りの際に，お見送りと「ありがとうございました」の声かけをしたいものです。研究主任1人では声をかけきることができないと思うので，他の先生にもお願いできる場合はお願いしておくとよいと思います。

　研究主任が感謝される以上に研究主任が感謝するのが理想です。

終わりは次の始まり

　研究授業や研究大会が終わったということは，次の研究授業や研究大会への準備が始まっているということでもあります。

　そこでやっておくべきことは，次の2点です。

---
①反省点を出す。
②細かいところは写真で撮影し，データで保存しておく。

　時間が経てば経つほど思っていたことは忘れ去られていきます。そうしないために，感じた反省点は忘れないうちに書き出しておく必要があります。他の先生方にもできるだけ早い段階で反省点をあげてもらうとよいでしょう。

　さらに，**環境整備や会場づくりのことなどは，細かいところを記憶に頼っていると，次のときには忘れていて困ることがよく起こります**。特に，1年に1回の研究大会ならなおさらです。写真で記録を残しておきましょう。

感謝が今後も継続した協力を生む。反省や記録が今後のさらなる成長を生む。終わったその瞬間にやるべきこと，その瞬間にしかできないことをやろう。

コラム

唯一手をつけなかったこと

　自分の思いに加え，まわりの先生からの意見を取り入れつつ，研究主任としていくつかのことに取り組んできました。基本的に他の先生からいただいた意見は参考にしてきましたが，唯一何人もの先生から要望をもらったけれど手をつけなかったことがあります。

　それは，授業のきまりを打ち出すことです。いわゆる，授業のスタンダード化や「○○中の授業３か条」のようなものです。

　私は，自分自身が授業にきまりをつくられることが非常に苦手でした。例えば，「授業では必ずグループ学習を取り入れましょう」と決められたり，ノートの書き方を全校で統一されたりすると，そろえることのメリットがあることは理解しながらも，「グループを使いたい授業もあるけれど，使いたくない授業もあるのに…」「ノートは自分なりのこだわりがあるのに…」と思っていました。

　職員が共通認識をもち，同じきまりに従って授業を行う方がより研究を進めやすくなる可能性も考えました。きまりを打ち出すことで，何をすればよいかがはっきりして喜ばれる先生もいると思います。

　しかし，もしかしたらそのきまりによって自分のこだわりを我慢する先生が出るかもしれません。何より，どんな授業をすれば研究テーマを達成できるかについては，頼るのではなく，それぞれの先生自身に考えてほしいと思っています。そこにこそ，その先生らしさが生まれてくると思うからです。

　皆さんはどう思われるでしょうか。私は今も迷い続けています。

第5章
日常的な取組の進め方

49 授業を見せ合い，ほめ合う文化をつくる

授業を見せるのが先か，見に行くのが先か。
授業を見せ合う雰囲気をつくるには，まずは見に行くのがいい。
自分から働きかけて，雰囲気をつくっていこう。

まずは自分から行く

　授業を見合う雰囲気をつくるためには，自分から授業を見せてもらいに行くことがまずは大切です。

　理由は，「授業を見に来てください」と声をかけても，忙しくてなかなか見に来てもらいにくいことが多いので，先に自分が見に行かせてもらう方が簡単だからです。

　ただし，**見に行かせてもらってばかりではなく，「私の授業も見に来てください」と，見に来てもらうための声かけは忘れずに行います**。

　私は「授業を見に行かせてもらっていいですか？」と直接聞く場合もありますが，それ以外にも次の2つの方法を使っています。

①自分が担任しているクラスの他教科の授業を見る。
②校内の巡視に見せかけてふらっと授業を見る。

　最も授業が見やすいのは自分のクラスの他教科の授業です。自分のクラスの様子や自分のクラスの気になる子の様子を見るためという理由を使って，教室に入り込みやすいからです。

　別の方法として，巡回の際に授業を覗く方法もあります。学校によっては

校内巡視の割り当てが決まっているところもあると思います。私はその時間を活用して、気になったクラスや楽しそうにしているクラスの様子を5分くらい見させてもらうようにしています。雰囲気を見て「入っていいですか？」と聞き、中に入らせてもらうこともあります。

ただし、これではいつも同じ先生が同じ教室で授業しているタイミングしかないので、ときどき自分の空きコマにも校内を回るようにしています。

授業を見るといっても、1時間すべてを見るだけが方法ではありません。**5分でも10分でも見る機会をつくっていくとよい**と思います。

見たら何かを伝える

授業を見せてもらうことは大事ですが、**本当の目的は授業について話をすること**です。

授業を見せてもらったら、授業について思ったことを少しでも伝えに行く時間を必ず取ります（廊下からふらっと見ただけの場合は行きません）。

その際に意識することは、**生徒が楽しそうにしていたことや授業で工夫されていると感じたこと**です。授業をほめられたり、生徒が楽しそうに授業を受けていたと言われたりしてうれしくない先生はいません。「授業を見てもらうのは得することだ」と思ってもらえるようにしましょう。

また、研究主任の立場として意識していることは、学校の研究テーマとのつながりです。「先生の授業の〇〇の部分が研究テーマと関係しそうですね」「〇〇の工夫が研究テーマにぴったりですね」のように価値づけていくことも、研究主任という立場では意識するべきだと思います。

授業を見せ合う雰囲気をつくるには、まずは自分から見に行こう。
見たら、よい点や研究テーマとのつながりを伝えたい。
授業を見てほめる文化を率先してつくっていこう。

50 自分の授業を見に来てもらうための お願いの仕方を工夫する

授業を公開して最も得をするのは間違いなく授業者。
そして、研究主任が授業を公開することにも意義がある。
研究主任が積極的に授業を公開しよう。

授業を見てもらうのはなぜか

　私は毎年数回以上、だれかに授業を見てもらっています。そのたびに「一番得をしたのは、授業をした自分だ」と感じます。

　授業を見てもらう目的は、自分の授業を改善するためです。どうすればもっとよい授業になるのか、授業の課題はどのようなところにあるのか、などを教えてもらうためです。

　授業を見てくださった方がたとえ大学生であっても、私は必ず1つはダメ出しをしてもらうようにしています。

　もし、このように授業を見てもらう機会をつくらなかったとしましょう。研究授業もせず、普段の授業をだれかに見てもらうこともなければ、どうやって自分の授業をよくしていくのでしょうか。

　自分の授業を録画して見返したり、書籍を読んで試行錯誤したり、自分の力だけで授業改善する方がよほど大変だと私は思います。

　また、研究主任が授業を見せるということは、研究テーマの具体を示していくという意味でも重要なことです。うまくいけばそれでよいですし、**うまくいかなかったとしても、見てもらって一緒に研究について考えられればそれで十分な意義があります。**

　はずかしさや怖さもあると思いますが、授業は見せるに限ります。

どうやって見に来てもらうか

　授業は見せるに限るといっても,実際どうやって見に来てもらえばよいのでしょうか。中学校現場では,授業を見に来てもらうのは非常に難しいことだと感じます。「貴重な空きコマは授業準備や事務作業の時間に使いたい」「教科が違うから見ても仕方がない」と思われている先生が多いからです。

　そのような状況でも見に来てもらうためのポイントは,**相手によってお願いの仕方を変える**ことです。

　日報などを使い,全体に「○日の○限の授業を公開しますので,お手すきの先生はご指導ください」とアナウンスしても,なかなか来てもらえません。

　そこで大切なのが,個人的に「来てもらえませんか」とお願いすることです。授業は見せるものではなく,見てもらうものなので,「来てもらえませんか」とお願いする姿勢が大切です。

　ただし,このときに相手によって声のかけ方を変えます。

　相手が自分よりも経験が浅い先生の場合は,「授業で困っていることはない?」「授業って難しいよね」という話をする中で,「一緒に授業について考えるために,1回授業を見に来てもらえないかな?」とお願いします。

　相手が同年代や自分より経験のある先生の場合は「○○で困っているので一度授業を見てもらえませんか」とストレートにお願いをします。

　研究主任が積極的に授業を見せる文化をつくっていくことで,たとえ1人でも同志が生まれれば,それは非常に価値のあることです。

　そのような熱い雰囲気が,学校の研究の火種になっていくのです。

授業を公開しても見に来てくれる人がいるとは限らない。しかし,機会をつくらないのと,機会をつくってだれも来ないのは違う。「1人でも来てくれたら成功だ」と思って公開し続けよう。

51 授業について話せる職員室にする

職員室で行われる会話でどんなことが話題になるだろうか。
他愛もない雑談で親密度を高めることも必要かもしれない。
しかし,やはり授業の話が行われる職員室にしたい。

ある日の放課後

　ある日の放課後,職員室で同僚の先生から「時間を奪うような質問をしてもいいですか？」と言われました。
　何を聞かれるのかと思いつつ,「うん,いいよ」と答えたところ,返ってきた質問が「個別最適な学びってどういうことだと思っていますか」でした。
　この後,お互いの思う個別最適な学び,そして,それを実現するための工夫について話が続いていきました。
　このような話が職員室でできてうれしかったのですが,この話をしているときに隣の先生も「それって…」と話に反応してくださったり,近くを通った先生も立ち止まって話に参加してきてくださったりして,とても楽しい時間になりました。
　しかし,私には気になったことが1つありました。それは,「時間を奪うような質問」という言葉です。この言葉の意味は「授業の話をして時間を取るのは申し訳ない」とも「忙しそうにしているのに時間を取るのは申し訳ない」とも受け取れます。
　私は普段からまわりの先生に「授業で○○やろうと思っているのですがどう思いますか？」と相談したり,「あ～,今日の授業はあんまりよくなかった。反省しよう」と言ったりして,授業について発信するようにしています。

116

また，話しかけやすさも大切だと思っています。忙しそうだと思われていたら「話したいけれどやめておこう」と思われるかもしれません。**忙しさや機嫌に左右されず，「話しかけてもよさそうだ」と思われる雰囲気を出すように心がけています。**

　「時間を奪うような質問」という言葉が実際どんな意味だったかはわかりませんが，もっと授業を話題に出し，授業について気兼ねなく話せる職員室にしたいです。

実は話したがっている

　上記のエピソードでもう1つ印象的だったのは，隣に座っていた先生が「それって…」と反応してくださったり，近くを通った先生が会話に参加してくださったりしたことです。授業の会話に興味をもつ先生が案外多いことにうれしくなりました。

　そして，そのときに会話に入ってこられて「私はこう思う」と考えを教えてくださったのはベテランの先生であり，「どういうことですか」と質問してくれたのは若い先生でした。

　ベテランの先生は授業についてどうしているかを話したいと思っているし，若手の先生は授業をどうしているかについて聞きたいものなのだと感じました。

　職員室は先生方が作業をする場所でもあり，相談したり学び合ったりする場所でもあります。**きっと授業について話したい，聞きたいと思っている先生がまわりにいます。**もっと職員室で授業について話をしましょう。

だれも授業の話をしないだけで，話したいと思っている先生もいる。
だれかが授業の話題を出せば，話が広がっていくかもしれない。
研究主任が積極的に授業の話をしよう。職員室を学びの場に。

52 だれから巻き込むのか，作戦を練る

最初から全員が授業を見せ合うことに肯定的であるはずがない。
最終的には全員が授業を見せ合う学校にしたい。
そのためには，だれから巻き込んでいくか，作戦を練ろう。

全員をターゲットにはできない

　前項で，「職員室でもっと授業の話をしよう」と書きましたが，最初から全員と授業の話ができるわけではありません。

　正直に言って，授業に力を入れていると感じられる先生もいれば，これまでの経験を頼りに毎年同じような授業を繰り返している先生もいるのが実際です。

　そのような状況の中で，授業の話ができる関係にまず巻き込むべきなのは，授業に悩んでいる先生です。

　「どうにかしたい」という必要感を抱いているため，授業改善に積極的に取り組もうとする可能性が高いからです。

　ただし，自分視点からの独りよがりなアドバイスや，結局どうしたらよいかわからないような抽象的なアドバイスは逆効果です。

　「どうしたい？」「何に困っている？」と悩みを聞きながら，悩んでいる先生の立場に立ち，どうしたら思うような授業ができるかを一緒に考える関係をつくっていきましょう。

キーワードは「同じ」

　積極的に授業の話をしたいと思っている先生ではなかったとしても，授業

の話に巻き込みやすい先生もいます。それは次の２タイプの先生です。

> ①同じ教科の先生
> ②自分と同じクラスの授業を担当している先生

　当然のように，同じ教科の先生は授業づくりの相談がしやすい関係にあります。私は以前勤めていた学校で，同じ教科の先生方と放課後に集まり，授業について相談し合う時間を頻繁に取っていました。他の先生から「またやっているな」と言われていたくらいです。
　「この単元どう授業しましたか」「こういうときってどう授業していますか」というだれかの悩みから始まり，ああでもないこうでもないと話す時間は非常に楽しいものでした。他の教科の先生から「国語科は楽しそうでいいな」と言われたこともありました。
　楽しそうにしていることで，まわりの先生が会話に入ってきてくださることもありました。まずは話のしやすい同じ教科の先生と楽しく授業について話すようにしましょう。
　同じクラスを担当している先生は，生徒の姿を通して授業の相談をしやすい関係にあります。
　「授業のとき，○○さんはどんな様子ですか」「１組で発言してくれる人が少ないように感じませんか」など，生徒やクラスの状況を聞くような質問を使い，悩みを相談するような形で授業の話につなげていくのです。
　話がしやすい関係の先生から話を広げていきましょう。

一気に授業を見せ合う雰囲気ができ上がるわけではない。少しずつ雰囲気が生まれ，半分を超えるとガラッと全体の雰囲気が変わる。巻き込まれてくれそうな先生から巻き込んでいこう。

53 授業交流会を導入する

> もっと授業を見せる場,見る場がほしい。
> そう思って取り入れたのが「授業交流会」。
> 明確な目的が思いつくならば,ぜひ導入してほしい取組だ。

目的を語って始める

　勤務校では,何名かの先生に,決まった期間内に授業を公開してもらい,教科研究部会が同じである先生を中心に,何名かの先生が参観に行くという取組を,「授業交流会」と名づけて行っています。

　この取組を始めた一番大きな理由は,教科研究部会で１つの授業を取り上げ,研究テーマについて考えてほしいと思ったからでした。

　というのも,研究テーマについて話し合ってもらっても,「具体的にどう授業すればよいかイメージがわかない」という先生,また「研究テーマを意識して授業をしているが,これでよいのかわからない」という先生もおり,それならば授業を見せる場,見る場をつくり,同じ授業を基に話をする機会があった方がよいと考えたのです。

　そこで,次のように目的を語り,授業交流会の取組を始めました。

> 　今年度から,授業交流会という取組を始めます。これは,研究テーマを意識した授業のイメージをすり合わせるために行います。教科研究部会のメンバーで１つの授業を参観して研究テーマについて話してもらうことで,研究テーマについての理解を深めていくことが目的です。

目的は様々でよいと思いますが，**きちんと周知することが不可欠**です。

公開授業までの進め方

公開授業を行うまでは，次のように進めます。

①公開授業の希望者を募る。
②授業者に時期（私の勤務校の場合は7月か9月）を選んでもらう。
③授業者に教科研究部会のメンバーと相談のうえ，日程を決めてもらう。

　それぞれの教科研究部会から1名ずつ授業者を出してもらうという方法も考えられますが，このような場合は押しつけ合いになってしまうことも多いため，個人の希望を募るのがよいでしょう。
　授業者が決まったら，次は公開してもらう時期の決定です。勤務校では，11月に行う研究大会までの，比較的余裕が確保しやすい時期ということで，7月と9月に交流会週間を設定し，授業者に選んでもらっています。何人の希望者が出ているかによって人数調整は変わってきますが，おおよそ半数ずつになるように振り分けます。
　その後，具体的な日時を決める際は，授業者と教科研究部会のメンバーで相談してもらいます。勤務校の場合は，教科研究部会でのイメージ共有を目的にしているので，教科研究部会の先生方の参加を最優先にしたいからです。
　授業交流会を行うことが目的ではありません。**授業交流会を行う目的を明確にすることで，有意義な授業交流会の形が見えてくる**でしょう。

1人で授業力を向上させていくことは難しい。
もっと授業を見せる場，見る場があった方がよい。
「授業交流会」の導入を検討してみよう。

第5章　日常的な取組の進め方　121

54 授業交流会の柔軟性を生かす

> 授業交流会の魅力は，柔軟性にある。
> それぞれの学校の実態に合わせて，様々な形で取り入れられる。
> ニーズに合わせられるから，授業者の満足度も高くなる。

授業交流会は「ちょうどいい」

授業交流会で授業を公開してくれた先生が，次のように語ってくれました。

> 　授業交流会はよい取組だからぜひ続けてほしい。アットホームな雰囲気で授業について話ができるのがよかった。授業交流会での授業公開なら，またやりたいと思う。

　指導案はなく，授業を参観する人も10人に満たない。放課後に協議会が行われるけれど，ざっくばらんな雰囲気で言いたいこと，聞きたいことが自由に話せる。これが勤務校の授業交流会です。
　研究授業は自信がないし，負担も大きいと感じてしまうけれど，授業を見てもらって意見を交流できる場があればうれしい。**そういう先生方にとって，授業交流会は「ちょうどいい」取組だった**のだと思います。
　そして，そのような考えの先生方は結構いらっしゃるものだと思いました。
　勤務校の場合もそうですが，研究授業だけだと，授業を見てもらう場，見に行く場がどうしても少なくなってしまいます。
　研究授業ではない場で授業を見てもらいたい先生，研究授業をやりたかったけれどできなかった先生など，先生方のニーズを満たせるのが授業交流会

だと思います。

やり方は様々

授業交流会の魅力は，柔軟性にあります。

　例えば，指導案はなくてもよいし，略案でもよい。作成するかどうかから授業者に任せるということです。

　放課後に協議会を行うかどうかも柔軟に対応できます。協議会をせず，参観者は感想シートに感想を記入して授業者に渡し，それを見て聞きたいところがある先生のもとに授業者が質問に行くというのでもよいでしょう。

　勤務校では，授業者と公開する授業時間をあらかじめ決めてしまいますが，1週間丸ごと授業交流週間と名づけて，事前にひと声かけておけば，だれがどのタイミングでだれの授業を見に行ってもよい1週間にするという方法も考えられます。

　授業交流週間の場合でも，「必ず自分とは違う教科の授業を参観に行きましょう」「参観後は必ず3つのよいところと1つの改善案を伝えましょう」など，どんな条件をつけるかによって形は様々に変わります。

　授業を見てアドバイスをもらいたい。他の人の授業を見たい。そう思っている先生方は多いです。しかし，普段の状況で自分から「授業を見てもらえませんか」「授業を見せてもらえませんか」とお願いに行くことのできない先生もいます。

　授業交流会はそのような先生方に大義名分ができる，うってつけの取組です。ぜひ，それぞれの学校の実態に合う形で取り入れてみてください。

授業を見てほしい，見たいと思っている先生は多い。
そのような先生に「ちょうどいい」場にできるのが授業交流会。
目的や授業者のニーズに合わせて，形を検討しよう。

55 研究主任自身が熱意を見せる

研究主任が口だけでは，だれの心も動かない。
他の人が認めるくらい，研究主任は授業に熱心であるべき。
研究主任が学校の熱源であらねばならない。

熱意がなければ伝わらない

　ここまで研究主任の心得として様々なことを書いてきましたが，研究主任としての働きかけがまわりの先生方に響くかどうかは，まわりの先生方からどう見られているかが重要になってきます。
　「研究主任は授業に熱心に取り組んでいる」とまわりの先生から思われていなければ，「授業づくりをがんばりましょう」と言ったところで，だれにも響きません。
　「…しましょう」という言葉は，率先して懸命に取り組んでいる人が発してこそ，まわりの先生も「よし，自分も」と思えるものです。
　しかし，「2　コンセンサスを得る」でも書いたように，独りよがりな熱意では結局人はついてきません。
　まわりに働きかけること，まわりを巻き込もうとすることが大事です。
　何度も人の授業を参観し，価値づけを繰り返す。
　参観者が来なかったとしても，何度も授業を公開する。
　何度も研究通信を発行し，考えを発信し続けている。
　まわりの先生方と積極的にコミュニケーションを取り，情報交換をする。
　若手の悩みを聞き，一緒になって改善策を考える。
　普段からこのような姿を見せていれば，まわりの先生方も協力しようと思

ってくださるはずです。自然と言葉に重みも出てくるでしょう。
　すごい人でなくても，一生懸命に取り組もうとしている姿を見せることで熱意が伝わり，まわりの人を感化することができると思います。

新たな学びで自分も成長する

　研究主任になれば，これまで自分が学んできたこと以外に学ぶべきことが出てきます。例えば，次のようなことを新たに勉強するとよいでしょう。

---
①研究テーマに関連することについて
②人間関係づくりについて
③仕事術について

　当然，自校の研究テーマに関連する勉強は，だれよりもするべきです。関連書籍を読み，時には，論文にも目を通すとよいでしょう。
　また，研究主任はまわりの先生方との関係づくりも重要です。コミュニケーション術や話し方などを勉強してみると，自分のスキルも磨かれます。
　研究の進め方を考えるうえでは，仕事術を学ぶことが効果的です。効率化，合理化の視点を得ることで，研究の成果をより高めることができるでしょう。
　この本を手に取ってくださったということは，すでに学ぶ意欲の高い先生であることは間違いありません。**研究主任は授業力以外の力が必要とされる職務**です。だからこそ，研究主任という仕事を全うしたとき，必ず今までよりも成長した自分になっているはずです。この役職を楽しみましょう！

研究主任は責任ある職務。
だからこそ，熱意をもって取り組もう。
懸命に取り組めば，自分の力が高まることは間違いない。

第5章　日常的な取組の進め方　125

コラム

授業を考える時間を生むために

　皆さんは，授業を考える時間を奪っている一番の原因は何だと思いますか。私は部活動だと思っています。放課後や休日に部活動の指導に時間を取られてしまうことによって，授業について考える時間がなくなってしまっていると感じます。

　部活動の指導時間が短くなったところで，すべての先生が授業について考えるようになるとは思ってはいません。しかし，部活指導の時間が短くなったりなくなったりすることで，確実に放課後の時間に余裕が生まれます。余裕があれば，授業について考える時間，授業について相談し合う時間が増える先生は必ず出てきます。

　私は管理職の先生にお願いして，外部指導の先生に来てもらえるようにしました。その結果，週に2日は外部指導の先生に放課後の部活指導をお願いできており，授業や学校の研究について考える時間を以前よりも確保できるようになりました。

　外部指導の先生を呼ぶことができる場合はそう多くないでしょう。しかし，顧問が2人いるならば，同時に2人が指導に行くのではなく，隔日交代にする，部活動の休みの日を増やす，学校全体で部活の終了時刻を早めるなど，部活動にかける時間を削減していく方法はあると思います。

　今後，部活動の地域移行が進んできた場合，私たちは今まで以上に授業で勝負できるようになっていなければなりません。授業で生徒を引きつけられるようになるためにも，今から授業を考える時間を増やすため，部活動にかける時間を減らすことを考えてみてはどうでしょうか。

【著者紹介】
北村　凌（きたむら　りょう）
1993年和歌山県生まれ。和歌山市立伏虎義務教育学校教諭。
初任者時代に和歌山大学教職大学院の「初任者研修履修証明プログラム」に参加し、学び続ける教師の土台を築く。その後も様々なセミナーや書籍を通じて学びつつ、自身でもサークル活動を行って研鑽を重ねている。「その生徒にとって必要な成長とは何か」がモットー。
わかやま子ども学総合研究センター特別研究会員。日本国語教育学会会員。
単著に、『中学校　生徒とつながる学級経営のはじめ方』（2024年，東洋館出版社）。その他，雑誌原稿，国語科の授業に関する論文を複数執筆。

実務が必ずうまくいく
中学校　研究主任の仕事術　55の心得

2025年3月初版第1刷刊　Ⓒ著　者　北　村　　　凌
　　　　　　　　　　　　発行者　藤　原　光　政
　　　　　　　　　　　　発行所　明治図書出版株式会社
　　　　　　　　　　　　　　　　http://www.meijitosho.co.jp
　　　　　　　　　　　　（企画）矢口郁雄（校正）大内奈々子
　　　　　　　　　　　　〒114-0023　東京都北区滝野川7-46-1
　　　　　　　　　　　　振替00160-5-151318　電話03(5907)6701
　　　　　　　　　　　　ご注文窓口　　　　電話03(5907)6668

＊検印省略　　　　　　　組版所　株式会社木元省美堂

本書の無断コピーは、著作権・出版権にふれます。ご注意ください。

Printed in Japan　　　　　　ISBN978-4-18-450435-6
もれなくクーポンがもらえる！読者アンケートはこちらから　→

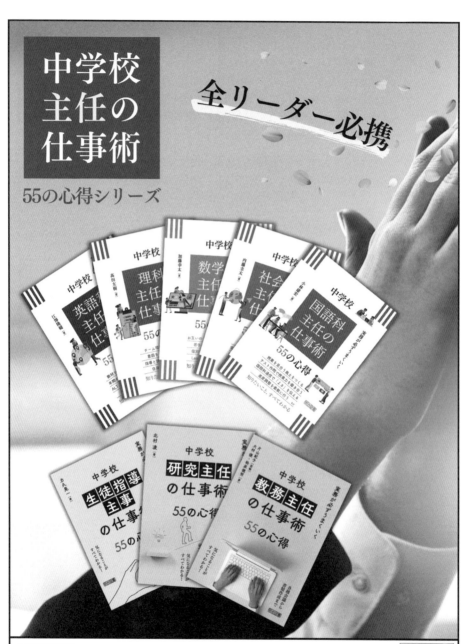